香盈碧莲花
诗词中的燕京寺庙

汪兆骞 著

郑瑞勇 插图

穿越数百年历史风云,惊鸿一瞥,扼要呈现九十一座燕京古城诸寺庙的前世今生。

中国书籍出版社
China Book Press

图书在版编目（CIP）数据

香盈碧莲花：诗词中的燕京寺庙/汪兆骞著.—北京：中国书籍出版社，2016.6
ISBN 978-7-5068-5632-4

Ⅰ.①香… Ⅱ.①汪… Ⅲ.①寺庙—介绍—北京市—古代 Ⅳ.①K928.75

中国版本图书馆 CIP 数据核字（2016）第 129304 号

香盈碧莲花：诗词中的燕京寺庙

汪兆骞 著

责任编辑	吴化强
责任印制	孙马飞　马　芝
封面设计	中联华文
出版发行	中国书籍出版社
地　　址	北京市丰台区三路居路 97 号（邮编：100073）
电　　话	（010）52257143（总编室）　（010）52257153（发行部）
电子邮箱	chinabp@vip.sina.com
经　　销	全国新华书店
印　　刷	北京天正元印务有限公司
开　　本	710 毫米×1000 毫米　1/16
字　　数	188 千字
印　　张	15
版　　次	2017 年 1 月第 1 版　2017 年 1 月第 1 次印刷
书　　号	ISBN 978-7-5068-5632-4
定　　价	58.00 元

版权所有　翻印必究

序

苍松翠柏簇拥下,香烟缭绕中气势恢弘的寺庙;巍峨的城阙、金碧辉煌的紫禁城;纵横交错的胡同和典雅的四合院,构成了北京这座世界名城独特的文化景观和东方风韵。

寺庙是进行宗教活动的场所,"金色界中兜率景",其庙寺建筑、佛神雕像、碑文石刻、供奉神器、浩瀚经卷等,皆具博大、精深的文化艺术底蕴,是中国传统文化的重要遗产,也是世界宗教文化的经典。

宗教,社会意识形态之一,上层建筑的一部分。随着社会和历史的发展,宗教也在不断演变,陆续出现由信仰者组织的宗教组织、专职人员和教阶体制。各宗教还形成了自己的教义信条、神学理论、清规戒律和祭仪制度。

从中国的历史看,宗教一直被统治者利用,以巩固政权、族权、神权和王权。它既是统治者强加于被统治者的一种秩序,又和中国传统风俗习惯紧密结合,成为中华民族共同的生活状态,并决定了中国哲学以道德、人伦为中心的特色。

六朝古都北京,经历了汉、契丹、女真、蒙、满几个民族的统治,在宗教信仰上,呈现出多元化的特点。

隋唐时佛教传入北京,出现许多佛教寺庙,广布市区和西山风景区。辽、金、元皇帝大兴土木,修建行宫的同时,寺庙也鳞次栉比。如辽道宗咸雍七年(1071年),为奉释迦牟尼圆寂之后的佛牙,在京西山修灵光寺并造塔。明朝皇帝定下儒、释、道"三教合一"治国思想,动用巨资营建寺庙百余座,比辽、金、元三朝建寺庙的总和还多。至清乾隆间,受汉文化熏陶影响,清皇室也尊崇佛教,燕京佛教梵刹遍布宫苑、街巷、山林。上至朝庙,下到百姓,几乎户户礼佛,家家诵经。僧侣人数众多,逢年节或丧葬,大都请其做法会。每岁农历七月十五日佛教徒为超度祖先亡灵举行盂兰盆会,备百味饮食,供十方僧众。又有放焰口临河祭送法船并放河灯等活动,热闹非凡。

  道教乃本土宗教,四世纪初,佛教入北京之前,道教已很活跃。金、元时为燕京道教鼎盛之期,出现全真、大道、混元、太一、正一等教派。元时道教首领为丘处机,最大的道观为西便门之白云观。明嘉靖皇帝放弃朱元璋定下的儒、释、道"三教合一"的治国思想,而独推崇道教,并造大高玄殿,供奉道家玉皇大帝和三清像,在该殿东北,还选一间"象一宫",供奉着以嘉靖皇帝真人形象塑立的"象一帝君"。全国纷纷响应,遂有供奉太上老君、关圣帝君、碧霞元君的道观出现。其祭祀活动也颇多,如每年腊月二十三日祭灶神、正月初二祭财神等,清康乾之后,皇家重佛教,道教渐衰落。

  宗教作为一种社会历史现象,不断发生变化。到清晚期,北京人对佛、道的区别渐渐模糊,往往神、佛不分,有神必尊,有佛就拜,满足某种个人的心理需求,使其在心理上得到调适,这是宗教的社会功能。另外,一个有信仰的民族,是个文明的民族。

  旧时,人们打量世界和生命本身,却不识其庐山真面,宗教经典为人们说出天上人间的秘密,承诺要带领人们度尽一切苦厄,到彼岸的极乐世界去。于是多少年来,"春鸟声声佛,莲花朵朵开",香火缭绕,祷声一片动燕京。据统计,北京之寺、庵、观、宫、祠、庙最多时达一千六百多座。

  从存在的角度,从物质的意义上认识宗教现象,芸芸众生拜神悟禅,其正信更多的是求取心灵的宁静、安定。人们相信宗教能帮自己求取的正是一颗涅槃的妙心,一颗宁静、圆满自在的心。

世界是客体,人自己是主体。人们既生活在世界里,同时也生活在自己的心灵里。世界的真相,命运的沉浮,人生的意义,不仅留在世界那儿,也留在人们的心灵里。

为解开心灵的秘密,人类耗去了几千年而未发现造化的全部秘密。佛道也困惑,但他们如果不是自己去做,只是沉溺在教里,便难免是魔的。其实人的命运,只能掌握在自己手里。

由于历史动荡、战乱兵燹、外族入侵,北京的很多寺庙遭到破坏,有的化为瓦砾,仅存几百座。一九四九年,共和国初创,经济凋敝,百废待兴,不少寺庙被拆除,如大佛寺、隆福寺等改作工厂、学校、政府办公场所。后"文革"破"四旧"狂飙席卷全国,北京和全国的寺庙又多被重创。所幸粉碎"四人帮"之后,改革开放,春风劲吹,经济腾飞,社会安定和谐,文化、宗教事业得到重视和发展,幸存的寺庙得以保护、修葺、甚或重建。作为中华民族极为重要的文化遗产,寺庙宗教文化重放光华。

本书力求穿越数百年历史风云,惊鸿一瞥,扼要呈现九十一座燕京古城诸寺庙的前世今生。所有资料或经亲临现场考察所获,或查阅浩繁卷帙所得,或从古代名人诗词中打捞。然后经一番提要钩玄,去伪存真,爬梳整理成书。才疏学浅,遗漏、谬误之处,读者谅之。

特别要提及的是,非常荣幸地请到著名画家郑瑞勇(斋号神弛轩)先生,为本书作素描插图。其挥洒自如的廖廖几笔,便呈现玄虚、空灵、清寂,"穿阶有鸟迹、禅宝无人开"的梵刹古庙,且把神、人、刹三者的和谐关系更艺术地表现出来,将观者的精神引入诗一般的禅境,目受美灼,心得善缘。正所谓"由来笔墨宜高简,百顷风潭月一轮"。在此,要向瑞勇老弟及帮助收集资料的胡萍等好友致敬。因有了这精妙插图才使本书具有了独特的美学品格。

是为序。

写于乙末年仲春改于丙申秋北京抱独斋

目 录
CONTENTS

序 ………………………………………………………………… 1

卷 一 …………………………………………………………… 1

梵阁尧尧一倚阑
　　——报国寺　元植二松及窑变观音　3

鱼山清梵向谁听
　　——护国寺　赵孟頫撰书《演公碑》　6

未应佛塔被魔灭
　　——白塔寺　乾隆藏宝于塔刹　9

香火何如好弟昆
　　——隆福寺　最热闹的庙寺　12

十丈红尘过雨清
　　——智化寺　禄米仓及宦官王振　15

石塔参差御苑西
　　——双塔寺　僧人姚广孝密与燕王朱棣定策起兵　17

《心经》相见问无恙
　　——鹫峰寺　栴檀佛与唐《心经》　20

头白僧伽破禅寂
　　——拈花禅寺与拈花寺　每开博学鸿词科雅聚之所　23

天花如共妙香来
　　——长椿寺　九莲菩萨像　26

古板苍苍有经开
　　——弘慈广济寺　栴檀佛与明版《大藏经》　28

犹见僧楼一树花
　　——宏善寺　"三妙"与"三绝"　30

泥多莫食报恩井
　　——报恩寺　32

隔城绕川听钟声
　　——觉生寺　永乐大钟从万寿寺移该寺　34

一偈一米广化寺
　　——广化寺　元僧人诵经积米建寺　37

掘地得钟曰天庆
　　——天庆寺　罗汉绘像十六卷　39

寺门东接禁城阴
　　——花市卧佛寺　明正德铸铁钟上称妙音寺　41

香光居士《成道记》
　　——明因寺　贯休《十六罗汉图》董其昌《成道记》石拓　43

高临孤塔看云飞
　　——天宁寺与舍利塔　释迦牟尼佛骨与三千六百铎　45

自持钟梵礼空王

　　——隆安寺　殿前元植二柏六十余围　48

钟清初地闲

　　——金刚寺　寺有石刻《金刚经》　50

谁家帘幕夕阳红

　　——昊天寺　52

举头鸿雁惜归程

　　——善果寺　54

魂来沧海鬼犹雄

　　——悯忠寺　宋使臣不食而死　56

飞来吊寒食

　　——两座大佛寺　一在美术馆后街一在西直门外畏吾村　59

孤月万松明

　　——龙华寺　61

相看尘土气

　　——双林寺　万历印度僧足克戬古尔居之　63

禅宫添闃寂

　　——圣安寺　65

苔侵破庙壖

　　——归义寺　唐寺乎，辽寺乎　67

苍茫云外深

　　——慈寿寺　九莲菩萨经　69

流响更何如

　　——万寿寺　蒲牢兽与明首辅张居正撰碑　71

夕阳留未去
　　——白马寺　隋时名添官宝，清代曰白马坑　73

诏封大国师
　　——大真觉寺　中国最古老最精美的金刚宝座式塔　75

宛在风光里
　　——十方禅院　77

卷二 79

梦魂连夜到西山
　　——西山　81

退翁亭子苍崖前
　　——五华寺　84

残碑无字纪辽金
　　——广泉寺　85

山泻琼池胜
　　——广应寺　86

白云飞去寺门闭
　　——洪光寺　88

层峰开净域
　　——玉华寺　90

无劳更问禅
　　——碧云寺　孙中山衣冠冢　92

输尔只高眠
　　——卧佛寺　五十万斤铜铸卧佛　96

玉泉山诸寺　100

佛号曾呼禁苑中
　　——观音寺　102

曾记宣皇赐幸年
　　——金山寺　104

寻幽入杳冥
　　——香岩寺　106

宛转入僧厨
　　——法云寺　108

好是香山寺
　　——香山永安寺　咸丰十年被英法联军毁,今又重修　109

入石偏符面壁心
　　——先有潭柘,后有北京　113

但惜春风残
　　——戒台寺　活动松与极乐峰　116

仰山栖隐禅寺
　　——金章宗诗碑　118

寺庙园林八大处　120

宝殿供羽帝
　　——一处长安寺　121

佛祖灵牙舍利仙塔
　　——二处灵光寺　122

通理禅师参禅地
　　——三处三山庵　123

十六罗汉来印度
　　——四处大悲寺　124

一泓清泉
　　——五处龙泉庙　126

晓井霜寒响辘轳
　　——六处香界寺　127

若大蚌剖倚石壁
　　——七处宝珠洞　129

吁嗟守憔悴
　　——八处证果寺　130

山林泉涧有银山
　　——佛严寺　"南金北银"之说　132

云居寺
　　——石经、纸经、木经及"舌血真经"　135

卷三 ……………………………………………… 139

崇台临广陌
　　——宏仁万寿宫　左祀诸葛孔明，右奉文天祥　141

喇嘛打鬼正月末
　　——雍和宫　北京三绝和木雕三绝　143

古木寒云锁石龛
　　——大德显灵宫　元文宗从东海获灵官藤像　147

洪恩灵济宫
　　——明首辅徐阶到此讲学，听众五千　149

马上城中见雪山
　　——朝天宫　明大朝会前百官习仪之所　151

入门走长松

　　——元福宫　奇松、铜骡　153

崇真宫阙禁城东

　　——崇真万寿宫　155

十丈红尘过雨清

　　——太平宫　157

卷　四　…………………………………………………………159

历代帝王庙

　　——乾隆臧否历代帝王　161

阿哥尼后孰知名

　　——东岳庙　刘元塑诸神像　163

"永济群生"阿哥尼

　　——先医庙　尼泊尔工匠修复古针灸铜像　166

多病所需惟药物

　　——东西南北药王庙　168

石桥深树里

　　——火神庙　此火神庙非比邻火德真君庙　170

火德时为帝

　　——火德真君庙　鱼蛇抱像　172

灶神上天也告状

　　——灶君庙　祭掌管人间祸福之神　174

残碑落日倚颓墙

　　——汉寿亭侯庙　祀汉寿亭侯关羽　176

风马云旗俨在堂

　　——都城隍庙　七元碑与朱漆木桶　179

金顶庙会有香道

　　——碧霞元君庙　慈禧太后到妙峰山进香专修香道　182

卷 五 ··· 185

仙观还看榜白云

　　——白云观　规模最大最完整的道观　187

森森苍波白鹭飞

　　——妙缘观　191

青山满高阁

　　——摩诃庵　《金刚经》石刻　193

满月光摇指髻青

　　——慈悲庵　196

风尘已觉宽

　　——太平庵　198

宴公祠

　　——河"图"洛"书"　200

风流彩扇出西州

　　——万松老人塔　祀元丞相耶律楚才之师万松老人　202

独吊空山泪满襟

　　——颐和园里元朝丞相墓祠　204

几为先生湿短襟

　　——文丞相祠　忽必烈劝降不从，作《正气歌》　207

要留清白在人间
　　——于谦祠　留下愚忠在人间　210

皇后祭蚕神
　　——祭先蚕坛燕京每岁有祭先蚕盛典　212

炉香缥缈高玄殿
　　——大高玄殿　皇家寺院　215

牛街礼拜寺
　　——两座筛海坟和手抄《古兰经》　218

01
卷一

梵阁莪莪一倚阑

——报国寺 元植二松及窑变观音

报国寺,元时称大慈仁寺,在广安门内大街,门额曰大报国慈仁寺。始建于辽,清初僧院中尚存辽乾统三年(1103年)尊胜陀罗尼石幢,后石幢失而无考。

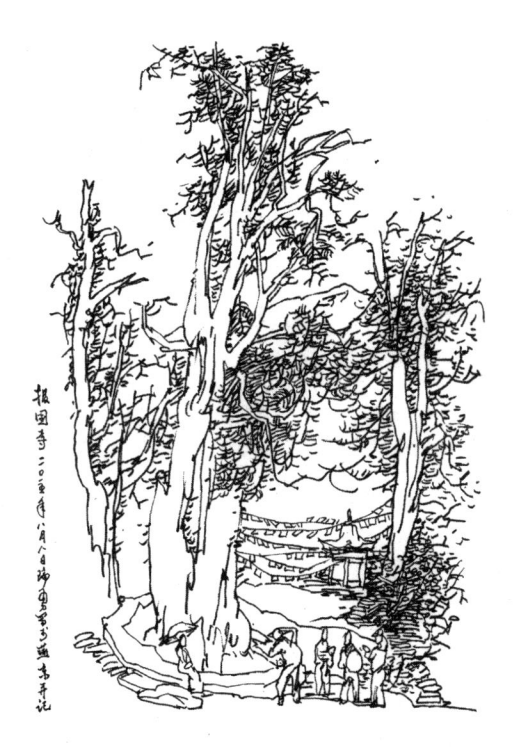

《燕都游览志》载:"大慈仁寺殿前二松,相传元时旧植,台右一株无奇。寺后毗卢阁甚高,望卢沟桥行骑,历历可数。阁下瓷观音像高可尺余,宝冠绿帔,手捧一梵字轮,相好美异。僧云,得之窑变,非人工也。"慈仁寺为辽天祚帝周太后弟吉祥建,而寺有成化二年御制碑,只云为太后祀(祈求福佑),未提及吉祥,因为当时讳言其事。唐应德诗云:"同行更说前朝事,绣蟒银鱼有故僧。"至归熙甫作记,始详言之。

报国寺占地一万七千平方米,明初塌毁。明成化二年(1466年)敕修,称慈仁寺,俗名报国寺,并立御制碑。清乾隆十九年(1754年)发帑重修,更名为"大报国慈仁寺"。也有御书联额及诗碑。寺中尚存窑变观音《胜果妙因图》《五彩天尊仙女》、成化御制碑及乾隆御诗碑等珍贵文物。特别是窑变观音,"相好美异",且有御制记并诗,尤为珍贵。

报国寺每月逢五、六日,有庙市,商贾云集,珠宝锦缎,时令小吃应有尽有,热闹非凡。

报国寺西园,有顾亭林祠。清道光二十三年(1843年)国史馆总纂、书法家何绍基筹建。有佛殿、享堂、碑亭等建筑。顾亭林者,即清兵南下时,参加抗清斗争的思想家顾炎武。其曾坚辞清廷征召,卜居陕西华阴,为仁林所崇敬。修亭以祀之。曾被八国联军毁。1921年重修。

对报国寺之元时所植二松,清施闰章有《慈仁寺松》诗记之:

> 直欲凌风去,翻从拂地看。
> 摧残经百折,偃仰郁千盘。
> 老阅山河变,阴兼日月寒。
> 支离尔何意?不厌卧长安。

施闰章,康熙十八年召试博学鸿词列二等,授翰林侍讲侍读。其博览群书,善诗赋及古文辞。诗学杜甫,与宋琬齐名,时称"南施北宋"。著有《学馀堂文集》二十八卷,《学馀堂诗集》五十卷。终老于宫中。《慈仁寺松》温柔敦厚,辞句清丽。"不厌卧长安",乃写松抒怀,表达了历史的感喟和他对朝廷的愚忠。

尤侗《清明日登毗卢阁》诗,记雨中报国寺:

满城土雨踏青难,梵阁茏茏一倚阑。
北阙云开燕市近,西山日落汉陵寒。
苍松骨老龙鳞动,绿柳腰低燕语残。
斗酒双柑休惜醉,春风不易到长安。

尤侗,清初剧作家,明末诸生,乡试不第,却有才华,康熙十八年(1679年)与施闰章同任翰林院检讨。被康熙称为"老名士"。分修《明史》,主撰志、传。长于杂剧,又擅诗。此诗第一句已把当时北京四月有雨又泥泞的清明,主客对酌的伤感写得很形象、真切。

清高珩有《九日独登报国寺阁》诗:

野色横今古,西风满帝州。
山寒云外出,水远日边流。
万象秋皆静,浮生倦亦休。
长松幽意惬,少为夕阳留。

高珩,明崇祯十六年进士,入清官至刑部侍郎。与蒲松龄交好,为《聊斋志异》作序。诗学唐人,落笔深沉苍劲,著《栖云阁诗集》等。

此诗与施闰章《慈仁寺松》都借寺、松,抒人世苍凉、浮生倦怠之慨,但施诗有杜甫的沉郁顿挫,而高珩诗则有元(元稹)、白(白居易)情感丰富、形象鲜明、词句流丽的遗风。

鱼山清梵向谁听

——护国寺 赵孟頫撰书《演公碑》

护国寺原名崇国寺,在西四牌楼大街东,德胜门大街西。元时,有东西崇国寺,此为西崇国寺,原为托克托丞相故宅。又一说"寺始至元,皇庆修之,延祐修之,至正又修之。元故有南北二崇国寺,此其北也"(《宸垣识略》)。

寺内有元碑四:其一至元十一年(1274年)重修崇国寺碑;沙门雪硐、法祯撰文;其二至正十四年(1354年)皇帝敕谕碑;其三皇庆元年(1312年)崇教大师演公碑,大书法家赵孟頫撰并书。其四至正二十四年(1364年)隆安选公传戒碑,危素撰并书,乾隆时此碑已断为七块,以铁环束立。

"宣德己酉赐名隆善,成化壬辰加护国名。正德壬申,敕西番(藏)大庆法王领占班丹、大觉法王著肖藏卜等居此。"

崇国寺有中殿三,旁殿八,最后为景命殿。殿旁有两佛舍利塔。天顺二年(1458年)建两碑:西舍利塔基座二层,伏莲一层,联珠线脚,塔肚、塔脖做方形基座,十三层相轮及宝珠,与妙应寺白塔相似。东舍利塔体小,其塔形为元代藏传佛塔精品。其一,西天喇嘛桑渴巴剌行实碑,其二大国师智光功行碑。成化七年(1471年),建两碑,又建梵字碑二。

护国寺石碑林立,赵孟頫撰并书者,为一奇观。赵孟頫,元代书法家、文学家。至元二十三年(1286年)被引见忽必烈,渐见亲近。官至集贤直学士。延祐时提为翰林院学士承旨。其山水、花竹、人马画甚精致。传世作有《秋郊饮马》等。能篆、籀、分、隶、真、行、草书,尤精正、行书和小楷,圆转遒丽,为中国柳、颜、欧、赵四大书法家之"赵体"。其碑石、拓片及真迹较多。护国寺所存碑,极珍贵。至清乾隆时,千佛殿旁立一老翁,长髯红衣,一老妪,凤冠朱裳,形态生动,为托克托夫妇。

又有文载,"过崇国寺番僧舍,观曼殊诸大士变相,蓝面猪首,肥而矮、遍身带人头,有十手骈生者,所执皆兵刃,形状可骇"。所谓番僧,系指西藏地僧侣。

千佛殿"后为姚少师影堂,露顶袈裟趺坐,上有偈(僧人所诵之辞),皆本色衲子语,师自题《宸垣识略》。

明王鏊有《姚少师像》诗:

> 下马摩挲读古碑,欲询往事少人知。
> 独留满月龛中像,共识凌烟阁上姿。
> 颊隐三毫还可似,功高六出本无奇。
> 金陵战罢燕都定,仍是癯然老衲师。

王鏊,明大臣,文学家,成化进士,弘治初,迁侍讲学士,当讲官。正德元年(1506年),为户部尚书,兼文渊阁大学士。不愿与擅权的刘瑾同朝,乃辞官家居。其博学有识鉴,精通经术,文章议论犀利,影响弘治、正德时文体。有《姑苏志》等。此诗平正有法度,但有点"佶屈聱牙"的味道。

又据赵子砥《燕云录》称:"奉使官中书侍郎陈过庭、门下侍郎耿南仲,并文武五十余员,元在真定,丁未八月遣诣燕山崇国寺安泊。则崇国寺金已有之。盖南北二寺,北建自演公,南则金之旧,已迷其处矣。"众说纷纭,已无可考。清时崇国寺又称护国寺。每月逢七、八两日,有庙市。商贾云集,珠玉锦绣,日用百货,充斥其间,热闹非凡。

清内阁学士宋光熊《游护国寺》诗:

> 宅舍祇园五百春,朱衣犹现宰官身。
> 笑他凿石山头坐,赢得儿童系犊轮。
>
> 琳宫香雨带龙腥,贝叶横翻秘密经。
> 禅诵乍如蛙阁阁,鱼山清梵向谁听?

《京都竹枝词》论庙市:

> 东西两庙货真全,一日能消百万钱。
> 多少贵人间至此,衣香犹带御炉烟。

未应佛塔被魔灭

——白塔寺 乾隆藏宝于塔刹

白塔寺,在阜城门内街北。辽寿昌二年(1096年)建,元志元八年(1271年)重建,名大圣寿万安寺,明天顺间改名妙庆寺。

清康熙间重修寺建塔,有圣祖御碑二。乾隆间又重修,有御书《心经》及《尊胜咒》,并有御制重修妙应寺文、白塔铭敕碑于寺。同时,寺内还藏有满、汉、蒙、西番文字合璧大藏全咒十套,西番《首楞严经》一套,及维摩诘所说大乘经全部。

白塔奉释迦佛舍利。内贮舍利戒珠二十粒,香泥小塔二千,《无垢静光》等陀罗尼经五部。元至元八年(1273年),忽必烈发现该寺有石函铜瓶,"香水盈满,色如玉浆。舍利坚圆,灿若金粟。前两龙跪而守护,瓶底获一铜钱,上铸'至元通宝'四字。帝后阅之,愈加崇重,即迎舍利,崇饰斯塔,角垂玉杵,阶布石栏,檐挂华幔,身络珠网,制度之巧,古今所罕。凡塔下丰上锐,白塔独否;其足则锐,其肩则丰,如胆之倒垂然;肩以上长项矗空节节而起,顶覆铜盘,盘上一小铜塔,通体皆白。明成化元年(1465年)于塔座周围砖造灯笼一百八座,以奉佛塔"(《宸垣识略》)。

清重修之妙应寺白塔,高十五丈余,由塔座、塔身、相轮、华盖和塔刹组成,为砖石结构。外形以折角方形、圆形、圆锥形等构成臣瓶式塔,雄浑稳重、和谐,为我国现存最早、最大藏式喇嘛覆钵形式佛塔。

塔座为三层须弥座式,高近三丈,周以精美浮雕及五道环节全钢圈,自然过渡到圆形塔身;塔身为五丈余巨体覆钵;相轮为承托华盖的木底,包铜简板,悬三十六片透雕铜佛和风铃;塔刹即塔顶,为高丈五、重八千斤鎏金铜质小塔。

白塔寺元末毁于雷火。元翰林学士承旨张翥《辛未二月十三日雷火焚故宫白塔》诗中曰:

数声起蛰乍闻雷,骤落千山白雨来。
恐有怪龙遭电取,未应佛塔被魔灾。
人传妖鸟生讹火,谁觅胡僧话劫灰?
岂复神灵有遗恨,冷烟残烬满荒台。

雷火焚毁白塔寺后,由元初到中国入仕的尼泊尔建筑家阿尼哥主持重造。费时八年,至元十六年(1279年)竣工。"帝制四方,各射一箭,以为界至",于是有了以塔为中心的塔院。

明天顺元年(1457年)重建,改为"妙应寺",但依然俗称白塔寺。

清康熙重修后,曾命人在塔刹藏一镇塔之宝。传说系稀世珍宝,不过至今仍是一谜。

北京还有一座白塔寺,在霍家桥,是法藏寺的俗称。旧时,因有白塔而名之。金大定中建,明景泰间修,更名法藏寺,有祭酒胡溁、沙门道孚二碑。

道孚,戒坛第一代戒师,也称鹅头祖师。因北方多风,白塔不空,也无可攀登,而寺中之弥陀塔空而可登。白塔高十丈,窗八面,每窗置一佛,凡五十八尊,每尊一灯。每年上元夜,僧人燃灯,绕塔奏乐,金光明窗,似在天堂。

明郭正域《法藏寺》诗:

> 古刹城南寺,莲花处处开。
> 金轮平地转,香雨半天来。
> 清话逢元度,论文有辨才。
> 真如非幻境,云水两徘徊。

香火何如好弟昆

——隆福寺 最热闹的庙寺

北京寺庙很多,明清时已形成比较完整的佛寺建筑格局:佛寺的中正路上,最前曰山门,山门内两侧有钟楼和鼓楼,正面第一大殿,名为天王殿,内塑佛像,称四大天王,或四大金刚。再后是正殿,或曰大雄宝殿,或曰如来殿。殿后设藏经楼。寺庙中正路两侧为僧房、禅堂、斋堂、方丈等。

东四牌楼西不远,有座隆福寺,是城内最为雄伟的寺庙。再往西,原还有一座大佛寺,创建何年无考,但拆除大佛寺的时间却有案可查,是1957年。僧人集中后,去别处或还俗,只留下大佛寺街的地名了。隆福寺比大佛寺的命运好不到哪,也早在共和国建立之初被拆除,后建了东四人民市场。又往后,一场莫名的大火,把市场烧成一地瓦砾,又精心建成很气派的隆福大厦,生意萧条,市场冷落。最近市政府宣布,重建隆福寺。拆古建,建新古建。是个怪圈,更是一桩让人诟病的荒诞。

隆福寺,建于明景泰三年(1453年)。景帝朱祁钰发动政变,废了兄弟英宗朱祁镇,动用万人造隆福寺。为了铲除英宗的影响,还让人把英宗在东华门东南修建的南宫拆除,将朔凤等殿石阑干作为建筑材料运去建隆福寺,还伐了英宗南宫里的所有百年大树。世事难料,七年后,英宗发动政变,重操皇权,重建南宫时,隆福寺早已建成。

隆福寺殿宇宏伟,围以白玉石栏,寺内古木参天。所住皆喇嘛。香烟缭绕,磬声悦耳,诵经声如歌,香火极盛。寺内有世宗朱厚熜(嘉靖)御制碑。隆福寺每月初九、十两日设庙市,百货杂陈,各种小吃,应有尽有,为当时京城市场之最。

有明释性柔《过隆福寺》诗为证:

> 金碧先朝寺,香灯出内家。
> 松杉留古籁,阑楯落天花。
> 爽入西山影,晴飞北阙霞。
> 翠华行复驻,望望暮云遮。

寺之金碧辉煌,环境之幽雅,香客之虔诚,尽在诗中。

清雍正九年(1732年)九月重修,古寺又焕然一新,翰林查慎行也以诗记之:

> 兴隆隆福两岧峣,南内移来土木饶。
> 天子不开香火院,纷纷台省愧杨姚。

查慎行,号初白,诗崇苏(轼)、陆(游),曾补注苏轼诗五十二卷。著有《敬业堂集》。《四库提要》云:"观其(查慎行)积一生之力,补助苏诗,其得力之处可见矣。"明人喜唐诗,但到康熙初年,窠臼渐深,遂改学宋,诗的粗直之病也开始出现。得宗人之长而不染其弊者,首推查慎行。此诗写寺庙历史,当然最称颂当朝皇帝的谀辞,但毕竟留下了历史的足音。

宋光熊《游隆福寺》诗:

> 玉石扶阑此尚存,秋风南内黯销魂。
> 若教暂缓金仙祀,香火何如好弟昆?
>
> 古玩珍奇百物饶,黄金满橐尽堪销。
> 阿谁携得三钱剌,尽日吟哦自解嘲。

关于诗中"阿谁携得三钱刺"句,《池北偶谈》记"康熙间,宝应朱克生于慈仁寺市,以三钱买客氏拜敞刺,赋客氏行"。

古玩珍奇、黄金满橐,囊中羞涩,无缘消受,但在古寺中的那种悠闲和自嘲,是一种诗人散淡的情怀,与翰林的阿谀形成对照。

十丈红尘过雨清

——智化寺 禄米仓及宦官王振

智化寺,在南小街禄米仓东。禄米仓,清时京官领取奉禄的仓库。《天咫偶记》载,仓存之米,入新出陈。京人以食紫色米为尚,无肯食白粳米者。南人爱食白米。京官领奉米之后,多以贱价售之米肆,而籴好米以自用。其间以次充好、水土掺和之勾当,害民利。具有讽刺意味的是,这一切龌龊竟发生在诵经念佛的寺庙旁。

《宸垣识略》载:"寺为明宦官王振所建,天顺间诏复振官,塑像于寺中之北。勒碑其中。"王振者,山西蔚州人。明英宗朱祁镇做太子时,王振侍左右甚得宠。英宗即位,王振掌司礼监,内外勾结,权重而横行朝廷,走卒称"父翁"。正统十四年(1449年)瓦剌乘明腐败,率部进犯,而明却束手无策,王振上奏英宗御驾亲征,以震慑瓦剌。英宗昏庸而无主见,遂率军出征,至大同,闻前线小败,仓皇退逃时被俘,王振被护卫将军怒斩,史称"土木之变"。代宗朱祁钰即皇位,王振被灭三族,抄没家产,金银珍宝无数。

英宗被放,复辟之后,于天顺元年(1457年)为阉官王振造祠,曰旌忠。清乾隆七年(1742年)重修智化寺,次年,御史沈廷芳奏将碑、像毁之。寺西存二石狮,云即明朝武学遗址。

明"京卫武学,始于正统六年(1441年),除教授一员,训导六员,教习勋卫子弟,以兵部司官提调之,以国子监丞掌学事。成化己丑,建大殿成,祀孔子并四配像"。

智化寺原有山门,寺西有两石狮,今已不存。智化寺旧址,为明武学遗址,建于正统六年(1442年),专门教习勋卫子弟。重建之智化寺,进石门,为智化殿,殿左右有配殿,曰大智殿、藏殿,往里是如来殿,为两层,上层四壁有九千多木制佛龛,佛像保存完好。殿内为斗八藻井,雕饰精美。再往里,是大悲堂,也具明初风格。

石塔参差御苑西

——双塔寺　僧人姚广孝密与燕王朱棣定策起兵

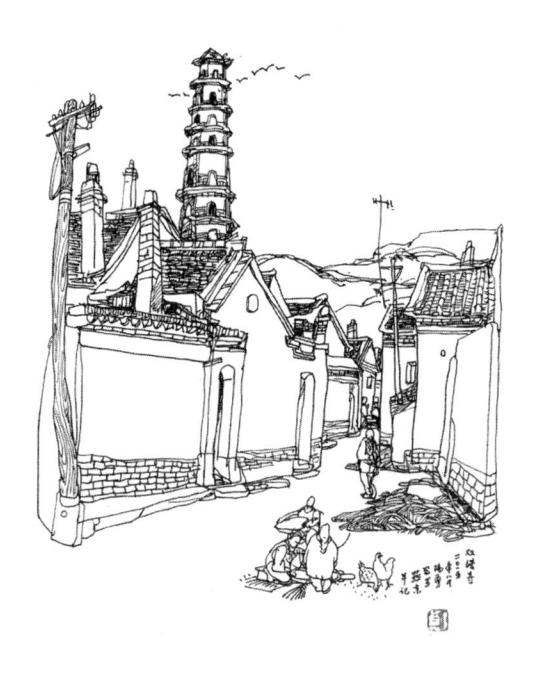

双塔寺，在西长安街。金章宗建，时称庆寿寺。

寺有塔二，一九级，一七级。九级者额曰"特赠光天普照佛日圆明海云佐圣国师之塔"；七级者额曰"佛日圆照大禅师可庵之灵塔"。

双塔寺明时重修，易名大兴隆寺，又曰慈恩寺。后寺庙废，其址改为射所，为练骑射之地，名讲武堂，后又改训象所，训练皇家大象。

清乾隆时，存殿庑数间，为乾隆间重修。双塔在寺院西，往东半里，为庆寿寺，中有崇祯间重修碑，叙寺名源委，又云"射所中有殿祀北极、关帝"。碑文由金时党怀英所书，党八分书最妙，明正统中为中人所毁。党怀英，少时与辛弃疾同师刘瞻，金兵至，辛弃疾等从军，归京抗金,而党怀英却应金世宗大定十年(1170年)科试,擢进士甲科,官至翰林学士承旨,诗文自然,书法也佳,当时称第一。为金人所重。故其碑被抗金复宋之民所毁,不足为奇。

双塔寺占地宏敞,丈室之前,松槲盈庭,还曾引流水贯寺庙,上有石桥两座,分别在各石屏上刻"飞渡桥"与"飞虹桥"。经考乃金道陵所书。

道陵者明朝僧人姚广孝,曾居双塔寺。姚广孝十四岁为僧,通儒术,工诗画,太祖朱元璋选高僧侍诸王,姚广孝侍燕王朱棣时,居双塔寺。惠帝朱允炆即位,议削藩,姚密与燕王定策起兵,参决军机,朱棣即位,论功姚广孝第一,永乐二年(1404年)拜资善大夫、太子少师,命其还俗,辞谢,仍居双塔寺。着缁衣,只有入朝时穿戴朝服。奉命监修《太祖实录》,并与解缙等纂修《永乐大典》。

双塔寺正统间重修,改名大兴隆寺,其寺规模壮丽甲于京师。树牌楼,号为"第一丛林",英宗朱祁镇曾到寺游幸。

当时的双塔寺有八景,正统间诸臣赋诗成卷,马东田跋尾。此人未入史册,至今无人知。

明英宗在位时,会试放榜次日,新登科入榜者,皆聚集双塔寺官厢内,请见座主,榜首献茶于前,亦可作南宫(英宗往南宫)一佳话也。"崇祯甲申(1628年)三月十九日,都城破,工部尚书兼东阁大学士范景文于双塔寺旁井中死之……顺治间谥曰文忠"(《宸垣识略》)。

明吴国伦有《双塔寺》诗:

> 石塔参差御苑西,凌空双雁识招提。
> 梵铃风起声相激,仙掌云分势欲齐。
> 似引飞凫朝帝阙,岂烦鸣马护禅栖?
> 长安落日驰车骑,何处逢人路不迷?

明人吴国伦,嘉靖二十九年进士,官至河南左参政。后辞官归里,是当时颇具盛名的诗人。当时求名之士,不去太仓拜王世贞为师,而西走兴国,问诗于吴国伦。著有《甋甀洞稿》等。其诗多写属地奇风异俗,"奇警之笔","写得生动"(沈德潜《明诗别裁集》语)。此诗较好地体现了他的诗风,描述双塔寺风物,抒发幽古之情,真实朴素,亲切之余,有感时伤世的情感流露。

《心经》相见问无恙

——鹫峰寺 栴檀佛与唐《心经》

鹫峰寺,在内城西鹫峰寺街。唐贞观二十二年(648年)建,时称淤泥寺。以卧佛得名,亦名卧佛寺,与香山十方普觉寺同名。

唐人石刻《心经》云,鹫峰者,唐代西天取经之名僧唐僧之号。寺有栴檀释迦接引刻像。"其足立处几于交趾,不作八字,衣纹都作直褶,如出水衣附着股臂间。而目向上,绝不似满月相也。"(《宸垣识略》)高五尺许,色近碧玉,明万历间,慈圣太后命在佛体上饰以金。衣纹,蹋蹋欲飘,极为生动,非后人所能为。康熙四年(1665年)奉敕将瑞相

移弘仁寺,有别于铜制如来佛像。后又还鹫峰寺,乾隆二十六年(1761年)重修鹫峰寺。

据佛书说,佛在天"为母说法时,优填王思佛请目犍连神通摄匠人,俾雕佛。匠六,雕得三十二相,惟释摩梵音像雕不得"。不知何故,鹫峰寺却有栴檀释迦接引雕像。

又据严我斯《栴檀佛论略》,"康熙中,王国弼与弟国臣得栴檀香高数尺,宝而藏之。江南刘拱北,良工也,为刻佛像,三年始竣,以辛酉冬迎入广济寺供养。圣祖临幸,解白毼悬像,有赞焉。"不知此佛与鹫峰寺栴檀佛是否同一佛?

又据考,北京有唐人所书《心经》三件:一为贞观二十二年(648年)刻石,藏于淤泥禅寺;一为赵偃笔书,广德二年(764年)刻石;一为唐武则天大足年(701年)僧人有晦刻石。三石刻《心经》早已有考。《心经》,佛教经名。全称《般若波罗蜜多心经》。历代汉文翻译有七种,通行唐玄奘译本。此经说明以般若(智慧)观察宇宙万事万物自性本空的道理,而证悟无所得的境界。这一思想是全部般若所说的核心,故称《心经》,仅二百六十字。

金刘迎《栴檀像》诗:

> 我昔游京师,稽首礼瑞像。
> 堂堂紫金身,示现大法藏。
> 庄严七宝几,重叠九霞帐。
> 光如百千日,晃耀不容望。
>
> 想初法王子,运力摄诸匠。
> 瑰材发神秘,妙斫(zhuó 砍削)出智创。
> 风流蜀居士,翰墨老弥壮。
> 雷霆大地底,音乐诸天上。
>
> 犹疑三十二,不具梵音像。
> 不知一点真,正胜千语浪。

呜呼五因缘,语绮反成谤。
我今独何幸,相见问无恙。

文殊本无二,何处觅真妄?
广修香火供,获脱烦恼障。
天龙想惊喜,诃卫日归向。
己觉海潮音,人天会方丈。

刘迎,金世宗大定十四年(1174年)进士,除幽州王府(有作幽王府)记室,后改太子司经。有机会游览幽州风物。刘迎善以诗反映现实,如《淮安行》写淮安兵变,《河防行》反映黄河水灾。而《栴檀像》则表现对佛的虔诚和游览的雅兴。

头白僧伽破禅寂

——拈花禅寺与拈花寺　每开博学鸿词科雅聚之所

　　拈花禅寺,即万柳堂,在广渠门内东南角,离夕照寺一箭之遥。

　　万柳堂,原为清大学士益都冯溥别业(墅),后归仓场侍郎石文柱。康熙四十一年(1702年),石文柱在万柳堂建大悲阁大殿、弥勒殿,舍僧住持。康熙甚喜,御书"拈花禅寺"额赐僧人德元,额悬于大悲阁上。因禅寺风景不俗,殿阁辉煌,康熙间,每开博学鸿词科,皆在此雅集,以待诏。

　　时毛奇龄就曾应博学鸿词科试,擢翰林院检讨后,在此雅会,并写有《万柳堂》赋。

　　拈花禅寺,周围有一顷余地,内有小土山,即昔时莲塘花屿。

　　徐乾学,与毛奇龄同朝,主修《明史》、《大清会典》等,官至礼部侍郎。多次来万柳堂,曾作《万柳堂陪宴益都公》诗,显然是写于万柳堂改为拈花禅寺之前。

> 丝纶阁外唱彤驺,携客还为杜曲游。
> 种树卫成金涧胜,凿池初引玉泉流。
> 绮堂晴带千峰秀,碧宇云开万井秋。
> 醉吐车茵何足道,夕阳洗爵重淹留。

　　朱彝尊、毛奇龄、徐乾学都为康熙时翰林院检讨,又都是博学有才的大儒。朱纂辑之《词综》，为研究词学提供重要资料。他的《上巳万柳堂宴集和相国冯夫子韵》诗，也写万柳堂的宴饮：

> 不到闲园已隔年，绿杨高映女墙边。
> 无妨并马横桥渡，更许深杯曲水传。
> 径仄易侵苹叶小，日晴况有杏花妍。
> 舞雩幸忝从游列，澹池春光过禁烟……

朱彝尊诗的风格，自相矛盾，既富王维、孟浩然诗的自然之趣，又喜夸耀才学，争奇斗胜，掉书袋，用险韵。此诗写拈花寺景物极尽铺张，而宴饮之场面却很少涉笔，"宴饮"二字就空了。

杭世骏《过拈花寺》诗，为我们呈现了与万柳堂时完全不同的佛庙景象：

清梵三时响粥鱼，乱花空发老僧居。
危栏曲处青山露，一桁（héng，檩）斜阳晒佛书。

半天婀娜绿梯抽，拂拂新条乱打头。
两翼画栏红不断，荻芽芰叶满春流。

溪风掠过打鱼矶，匝地春阴绿正肥。
头白僧伽破禅寂，柳花吹点水田衣。

值得玩味的是，在德胜门东八步口妙像胡同，有一千佛寺，孝定皇太后建。雍正十一年（1733年）重修，也赐名拈花寺。殿额皆世宗御书，有世宗御制碑。寺内有明铸诸铜像，乾隆时尚存。

天花如共妙香来

——长椿寺　九莲菩萨像

长椿寺在土地庙斜街。

明慈孝皇后为居水斋禅师而建。《宸垣识略》载,其大弟子为神宗朱翊钧替修,慈孝皇后赐千佛衣及姑绒衣各八百件,米麦等物动千石。有二库,以二中官专贮三宫布施金钱。

寺内有渗金多宝塔,高一丈五尺,玲珑精巧。院植苍松古柏,殿阁雄伟。有一碑,明万历中工部郎中米万钟书《水斋禅师传》碑。米万钟,巨富,

在京有四处别墅，景致妙美，有宅第，装饰甚豪华。米万钟爱石，穷其家产收藏奇石，藏于宅。看中房山一巨石，役百人马拟移勺园，运至途中，财力竭尽，弃于山。后被乾隆运往颐和园清漪园，名曰"青芝岫"，并写诗记之。

寺大殿旁，藏佛像十余轴。其中有二轴为黄绫装裱：一为绘九朵青莲花，捧一牌，题曰"九莲菩萨之位"，此为明神宗之母李太后像；另一绘女像，具仙人姿，戴毗卢帽，衣红锦袈裟，题菩萨号，下注"崇祯庚辰年恭绘烈皇帝生母孝纯刘太后"。二轴何时置寺内，无可考，乾隆时仍"委积尘埃中"。

乾隆二十一年（1756年）重修，有兵部尚书宋德宜碑。

明徐本高《过长椿寺赠水斋上人》诗：

> 凉秋新月影生苔，古柏苍苍有径开。
> 清梵数依祇树起，天花如共妙香来。
> 三千遍界身能定，七十余年心未灰。
> 我自朝衣淄欲染，堂前童侍莫相猜。

被乾隆呼为"烟波钓徒查翰林"之查慎行《杂咏》诗：

> 跨凤前身事不虚，九莲经授梦初回。
> 龙章凤额招提遍，不及慈宁圣母书。

王奇龄《陪益都公长椿寺饭僧》诗：

> 珠林高向帝城开，腊日同登说法台。
> 贝叶翻经龙听去，天花作供鸟衔来。
> 深厨香积维摩馔，小品签投殷浩才。
> 谁信经冬寻宝树，桫椤犹是旧时栽。

长椿寺西，有全浙会馆，清人吴长元按："馆即赵氏寄园。"赵氏，乃清臣赵吉士。寄园为明朝时冉驸马月张园遗址。内有景贤祠和紫藤僧舍。

古柏苍苍有经开

——弘慈广济寺 栴檀佛与明版《大藏经》

弘慈广济寺，在阜城门内大街，历代帝王庙之东。旧为西刘村寺。《宸垣识略》载，"金时刘望云建"。

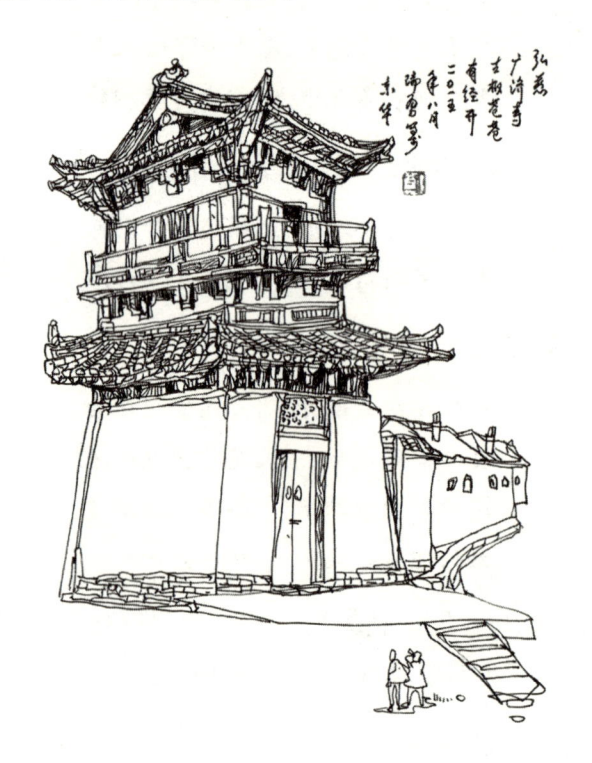

明天顺间，山西普慧和尚修复兴吉寺，英宗朱祁镇赐额"弘慈广济"。自此，得名弘慈广济寺。据说该寺几位住持高僧，严持戒律，以"戒行精严"闻名于世，成为律宗道场。律宗也称"南山宗"，佛教宗派之一。唐道宣所创。广济寺有古树，老干奇特，僧人呼之铁树。后来作铁树歌，并刻于碑上。

严我斯《栴檀佛记略》载："康熙中，王国弼与弟王国臣得栴檀香高数尺，宝而藏之。江南刘拱北，良工也，刻为佛像，三年始竣，以辛酉冬迎入广济寺供养。圣祖（康熙）临幸，解白帨悬像，有赞焉。"

广济寺有四进大殿，第一进为天王殿，左右两侧设钟、鼓楼；第二进为大雄宝殿，内供奉三世佛塑像；三进名圆通宝殿，内奉铜观音像十一尊，铸造极精美；四进称藏经殿，陈列不同时期各国佛教界人士所赠礼品。阁楼中珍藏的古代佛教绘画和明代刻印的《大藏经》，尤为宝贵。寺内西侧，有戒坛，高三层，用汉白玉磊砌而成。此外该寺藏书楼藏书十万多册，也颇罕见。

犹见僧楼一树花

——宏善寺 "三妙"与"三绝"

宏善寺,在左安门外,明正德间太监韦霦(bīn)建,俗称韦公庄。作为寺庙,宏善寺或无盛名,若论景致,为一处胜境。

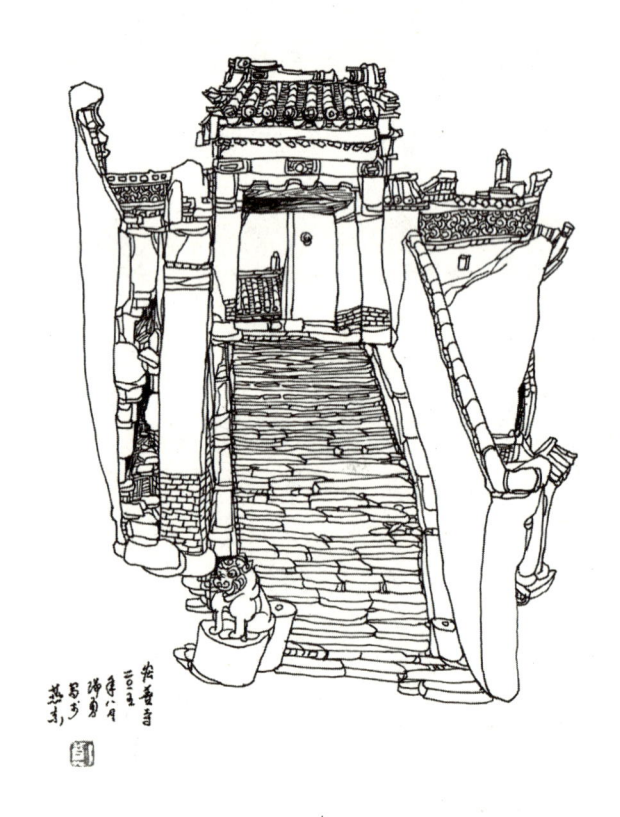

寺"四围多水,荻花芦叶,寒雁秋风,令人作江乡之想"。"有奈子古树,婆娑数亩,春时花开,望之如雪,三夏叶特繁茂,列坐其下,烈日不到。""戒坛老松、显灵宫柏、韦庄奈子,可称卉木中三绝"(《宸垣识略》)。寺内有西府海棠二株,高二丈,每开花时如堆绣,香气满寺。寺南观音阁有蘋婆一株,高五六丈。

至乾隆间,寺之园亭已圮,海堂、蘋婆、奈子俱无存,惟假山深溪尚在。寺后有静乐轩,尚修洁。西壁有康熙初禹之鼎画的双鹤图,东壁有陈奕禧书徐渭《画鹤赋》,时称二妙。

寺中建筑,已无可考,但寺内曾有观音阁、静乐轩,史料可证。清刑部尚书、当时诗坛领袖王士祯《宏善寺看海棠》诗:

韦杜城南十万家,东风处处酒旗斜。
不知冷节匆匆过,犹见僧楼一树花。

木鱼声静佛香迟,日午风帘自在垂。
好是维摩方丈室,恰逢天女散花时。

此中有"僧楼"、"木鱼声"、"佛香"、"方丈室",可见当初宏善寺,确为一寺庙,非韦家花园。从诗中,可见诗人以"神韵"为主,力求"超脱"的诗风。

查嗣连《杂咏》诗:

一株奈子数亩雪,六丈蘋婆万朵霞。
小借山僧瓮中酒,来看宫监寺前花。

查嗣连,后改名慎行。康熙时顺天乡试,名闻京都,选翰林院庶吉士。以一句诗"笠檐簑袂严生梦,臣本烟波一钓徒",被康熙呼为"烟波钓徒查翰林"。后得罪被逮,释归终老,诗风清新刻露。此七绝,写景中不经意间流露出对"宫监"不满的意绪。

泥多莫食报恩井

——报恩寺

报恩寺,在北新桥。建于元代,有明成化二年(1466年)《严安礼碑》。

该寺建制与其他寺庙无异,但在这里发生过危素投井尽忠之事,后人遂有"泥多莫食报恩井"的感慨,引人关注也引发了人们对臣子忠良品德的思考。南朝宋中书舍人、诗人鲍照《代出自蓟北门行》诗,道出了旧时臣子为臣之道:

时危见臣节,世乱识忠良。
投躯报明主,身死为国殇。

史载,洪武元年(1368年)八月,朱元璋大军定燕都,元翰林学士危素,跑到报恩寺,俯身入井。寺僧大梓将其挽出,曰:"国史非公莫知,公死,是死国之史也。"危素闻之,决定不死。危素曾在元至正初(约1341年),参与修宋、辽、金三史。由于他认真考证后妃逸事无据,成全三书,官至参知政事。明初,谪居和州(今安徽和县),令守元臣余阙庙,未几病死。

就在危素投井同时,元代翰林待制黄殷士,叫喊着投入居贤坊井中,仆人张午将其拉出曰:"君小臣而死社稷耶?"黄曰:"齐太史兄弟皆死小官,彼何人哉!"张午让众仆人守住黄,自己去想办法。未几明将徐达下令,不杀前朝官吏,等张午急忙跑回之后,黄殷士已投井而死。张午买棺以殓,大办葬礼。

清查慎行《杂咏》诗,对危、黄二人之所为进行了评价:

国史存亡赖老成,小臣只合死忠贞。
泥多莫食报恩井,不及居贤井水清。

隔城绕川听钟声

——觉生寺　永乐大钟从万寿寺移该寺

大钟寺,是觉生寺的俗名。雍正十二年(1734年)始建,第二年即竣工。觉生寺址在蓟门桥西曾家庄。"右隔城市之嚣,左绕山川之胜",位置极佳。被雍正相中之后,敕建觉生寺。

传说庄亲王建议雍正,将万寿寺所弃永乐大钟移觉生寺悬挂,合《易经》"金土相生"之说,乃瑞兆也。

据史载,真正移永乐大钟入觉生寺,是在乾隆八年(1743年)。

永乐大钟重达万石,移动艰难,可想而知。相传,有智者以智慧成功完成运输之命。每半里凿一井,隆冬日取井水泼冰道,前拉后推,庞然巨钟,在冰上滑动,顺利由万寿寺运进觉生寺。但如何将钟再搬至大殿五层悬挂,无疑又是难题。有人用最原始堆土法,随土堆渐渐增,巨钟也渐渐升高。钟架在事先准备好的楠木柱子和桂梁上。之后只需要将土运走,永乐大钟就稳稳悬于柱梁之上。然后再外建大钟楼。依"天圆地方"之说,在巨大的青石台基上,托起一座宏伟的圆形穹顶的钟楼。台基砌八角形"散音池",池深二尺一寸,径丈二,池口距钟只三尺。这样能起到共鸣作用。

沈德潜《觉生寺大钟歌》:

> 牙角鬖鬖蟠老龙,色相古黝兼青红。
> 旋虫蹯跙列众兽,旁罗鬼怪清奸凶。

重逾万石更万石,汉高庙器将毋同?
金泥传自明永乐,迁都北地仍燕封。
庙社既建鼎吕定,次及梵宇成华钟,
道衍监造役凫氏,数倍仙掌镕金铜。
弥陀华严荟全部,沈学士(度)笔藏棱锋。
悬之杰阁入云表,六僧举杵齐撞舂。
当年燕飞啄孺子,南兵百万为沙虫。
抄莲瓜蔓凝碧血,祸延赤族除群忠。
凭伏佛力消黑业,哐哐声彻天门重。
恒河沙数至无算,火焰灭熄刀轮空。
从来王者贵不杀,岂缘象教尊禅宗?
神孙更创万寿寺,大珰势力移其中。
熹宗以后委诸地,龙卧沙草云难从。
熙朝郭西建宝刹,重楼复殿栋宇隆。
赐名觉生代木铎,警醒愦愦怜愚蒙。
钟从废寺徙新构,万牛回首驱徒工。
鲸铿鼍(tuó)鸣整课诵,响达长乐随天风。
我来效原访林麓,一径委折趋灵宫。
谛视古迹决双眦,伟观一豁平生胸。
因思鸡鸣埭西北,巨钟蚀土眠蒿蓬。
摩挲永乐二年钟,两地祈福邀天功。
一钟沦弃声久哑,一钟叩击惊顽聋。
蒲牢亦等遇不遇,何况士类分雌雄!
独惜大镛置佛地,虚无祇伴金仙踪。
今皇崇道讲经学,鸿都观礼来耆童。
始终条理藉法物,曷不辇载归辟雍?
于论于乐颂圣德,相和鼍鼓声逢逢。

沈德潜之大钟歌,记大钟修造及所经的荒弃又重见的历史,倒也清楚。写大钟命运波诡云谲,有悲凉感,只是全诗用典冷僻艰涩、用词生硬堆砌,既无意蕴,更无意趣。

觉生寺,中轴线上,进山门,依次是天王殿、正殿、后殿、藏经楼,接着是壮观的大钟楼及左右配殿。觉生寺是皇帝祈雨、朝圣及从事佛事活动的场所。

觉生寺除了永乐大钟外,还藏有宋、元、辽、金、明、清几个朝代的古钟,堪称古钟博物馆。

一偈一米广化寺

——广化寺　元僧人诵经积米建寺

广化寺，在后海北沿鸦儿胡同。无碣碑可考。左为海会庵，右为兴善寺，有明崇祯七年（1635年）奖谕司礼监太监曹化淳诗碑。

有资料说广化寺始建于元代,重建于明天顺七年(1463年)。

广化寺在明时为净土宗庙。净土宗,亦称莲宗,中国佛教宗派之一。以东晋慧远为初祖,但实际创宗者为唐代善导。此宗依据《无量寿经》等专念"阿弥陀佛"名号,以"往生"西方"净土"(极乐世界),故名。因其修行方法简便易行,中唐以后广泛流行。

清道光年,改广化寺为子孙剃度庙。剃度,信徒把头发剃去,接受戒条的一种仪式。佛教说,剃发出家是度越生死之因,故曰剃度。

《宸垣识略》载,"元时,有僧居之,日诵佛号,每诵一声,以米一粒记数,凡二十年,积至四十八石,因此建寺"。

1927年,北平南北两个佛教会合并,会址设广化寺。

如今广化寺保存不少藏经、佛画、碑刻、僧人影像及名人字画等珍贵文物。

掘地得钟曰天庆

——天庆寺 罗汉绘像十六卷

天庆寺,在天坛西。"原辽之永泰寺。金大安中兵毁"(《宸垣识略》)。元至元壬申年,忽必烈重修,建殿阁僧舍。有雅致亭,还有罗汉十六轴,系当时名画家李龙眠绘。

又据蹇英《重修天庆寺碑略》云:"距城南三里河之滨曰魏村社,其地幽旷阒寂,林木丛茂。有古刹曰天庆,其创始不可考,宣德中,僧德诰仍其故址更新之,建大殿、禅堂、斋堂、丈室,以次而成。天顺戊寅十月,或请于朝,仍赐额曰'天庆寺'。"

元朝学士王恽碑记,"役初作,掘地得废钟,所刻'天庆'二字,考之盖有辽建年号也。即为新寺名"。从此碑记看,辽时该寺即称天庆寺,与《宸垣识略》所云"辽元永泰寺"相悖。

王恽,元初文学家,在中书省任职,至元五年(1268年)为监察御史,后又任翰林学士,曾参与纂修《世祖实录》,其著作甚多,诗文并茂。他所言当可信。

明天顺、嘉靖重修。

寺门东接禁城阴

——花市卧佛寺　明正德铸铁钟上称妙音寺

妙音寺,又称卧佛寺,但非香山卧佛寺,在崇文门外花儿市。

"入山门有圆殿,佛立其中。后殿有卧佛,长一丈二尺,有十三佛环立肩背后"(《宸垣识略》)。寺无碑记,建寺年代无可考。寺西廊有一铁钟,明正德戊辰年(1516年)所铸,钟上称该寺为妙音寺。寺内另有乾隆年翰林侍读学士图塔布碑。

又据《五城坊巷志》载,崇文门南有妙音寺,今无存。"寺内正德间钟或是彼处移来,未可知也。"意即,卧佛寺并非妙音寺。这样看来,燕京有两处卧佛寺,一在香山,一在花儿市。

宋光熊《游卧佛寺》诗,可知那时的花儿市,碧水平沙,古木森郁:

寺门东接禁城阴,野水平沙古木森。
留示人间老病死,色空真谛悟惮心。

香光居士《成道记》

——明因寺 贯休《十六罗汉图》董其昌《成道记》石拓

明因寺,在三里河东,故亦称三圣寺。明万历初,明肃皇太后建,还赐题明因寺额。

寺内李伯时《渡海尊者》卷,不知何年被人窃走,仅存赝本,而寺僧浑然不知。万历二十九年(1601年)紫柏大师自五台来,夜梦十六僧请挂瓶钵,亭午有负巨画轴而叫卖的人,画轴共十六,贯休所画十六罗汉。贯休,五代前蜀画家,诗人,僧。本姓姜,字德隐,浙江兰溪人。天复间入蜀,人称"禅月大师"。以诗名于当时。工画,学阎立本,笔力圆劲,所作水墨罗汉及释迦弟子诸像,都是粗眉大眼,丰颊高鼻,称为"梵相"。存世《十六罗汉图》相传是他的作品,极为珍贵。紫柏大师叹为奇画而购之,各写赞辞,传寺中。

"天启二年(1622年)董其昌过此,书佛《成道记》,自称香光居士,凡十二版。盖宗伯三十年前见紫柏于此寺,索书《成道记》,寻前诺也"(《宸垣识略》)。

董其昌,明书画家,字玄宰,华亭(上海)人。官南京礼部尚书。书法初学颜真卿,后改学虞世南,再学王羲之,自谓于率易中得秀色。对后来书法影响很大。又擅画山水,风格清润。画风与画论对以后画坛影响甚大。他到明因寺,将《成道记》拓于石上,置僧舍左壁。

又据载,清乾隆时,"明因寺所藏十六罗汉画轴,上有明万历时释真可赞,似是后人伪托,非当时真迹"。

明因寺,作为佛寺,并不显赫,但因其珍藏贯休、董其昌两大师的书画而享誉京城,可惜寺已成尘土。万幸的是贯休的《十六罗汉》尚存世。

高临孤塔看云飞

——天宁寺与舍利塔 释迦牟尼佛骨与三千六百铎

天宁寺,在广安门外,建于北魏孝文帝间(471－499年),原名光林寺,至隋名宏业寺,唐玄宗时改为天王寺,金为大万安寺。明宣德间重修,名天宁寺。正统间又修,改为万寿戒坛。原寺曾毁于元末兵火。明王绂《游天王寺次王时彦韵》:

> 古寺寻幽竟夕晖,败垣芳草路依微。
> 鸟啼空院僧何在?树老闲庭鹤自归。
> 静对方池移石坐,高临孤塔看云飞。
> 平生自信心无碍,不是衰年始自机。

诗中提到"孤塔"。《宸垣识略》曰:"天宁寺塔高十三寻,为十三级,相传中有舍利,隋文帝建。四周缀铎万计,风定风作,音无断时。"舍利,梵文译音,另译"舍利罗",意译"身骨",指死者火化后的残余骨烬。通常指释迦的遗骨为佛骨或舍利。相传释迦牟尼火葬后,有八国国王分取舍利,建塔供奉。实则,宁寺之舍利塔,即天宁寺塔乃建于辽(916－1125年)。天宁寺为八角十三层密檐式实心砖塔。塔座为石砌方台基上建一须弥座,上置斗拱勾栏的平座和三层仰莲瓣。塔身为八角形,塔身八面有半圆形券门,门两边刻有金刚力士、云龙等,雕法甚精美生动。十三层塔檐下,皆施木结构的斗拱。塔顶为二层八角,仰莲座上承宝珠为塔刹。天宁寺塔总高十七丈余。造型极为稳重雄伟，为塔中之珍品。据清《京城古迹考》记："天宁寺塔塔盖檐上，原悬挂铜铃2928枚，合计10492斤。至清时，渐次凋落。"王士禛《天宁寺观浮图》诗：

    千载隋皇塔，嵯峨俯旧京。
    相轮云外见，蛛网日边明。
    净土还朝暮，沧田几变更。
    何当寻法侣，林下话无生。

朱彝尊《天宁寺大风和徐处士》诗：

> 槛外开皇塔，三千六百铃。
> 天风吃不定，一夜枕函听。
> 砌咽寒虫语，窗摇独树形。
> 故人眠未稳，吟傍佛前灯。

前诗称隋塔，后诗三千六百铃，皆有误。诗非考证，情有可原。《帝京景物略》载，天宁寺塔有倒影之说。今塔顶无珠，塔后也无大士殿，倒影之迹已不得考矣。

自持钟梵礼空王

——隆安寺　殿前元植二柏六十余围

崇文门外花儿市东南，有隆安寺。《宸垣识略》曰："明天顺间废刹也。"

明万历乙酉年，四川和尚翠林在北京化缘募捐所造，结净土社堂，众僧在寺诵佛。

每逢正月初一，隆安寺便摆千盘供品敬佛，名曰千盘会，届时寺里香烟缭绕，诵经声飘出寺院，信男信女如云，热闹非凡。

隆安寺清乾隆间尚存。寺中题名碑刻记，建于明景泰五年，即1454年。

乾隆间名士吴长安按："隆安寺，土人相传唐刹，然景泰五年碑外，别无可证。"

寺内殿前有二棵古柏，皆十余围，应为四五百年老树，故可推断隆安寺应是元刹无疑。

清孙廷铨有《春日隆安寺访山晓上人，时自天童应诏入都》诗：

远公庐阜朗公房，时许题诗在上方。
古寺日长瓶钵静，故山春暖薜萝香。
一乘闻法超禅果，三殿承晖接御床。
归计未成心已灭，自持钟梵礼空王。

诗人以诗纪事,以访寺中友人为由,写天童应诏入宫故事。因无史料记其事,后人只能堕入云里雾里,凭空想象了。这似乎是个悲剧。

钟清初地闲

——金刚寺　寺有石刻《金刚经》

画旁题字：金刚寺剃面民居 二〇一五年八月 瑞曹写

积水潭东南抄手胡同，有金刚寺。曾名般若庵。据载，寺内原有石刻《金刚经》，至乾隆时，已不知所踪，只存明姚希孟募缘疏碑及清大理寺丞高去奢碑。

有资料载，称般若庵时，庵背积水潭水，山门对曲巷南抄手胡同，庵内有修竹数丛，摇曳清雅。庵前有小阁，后有一雅室，白纸糊窗，内置小几，殊有幽趣。后改建成金刚寺,虽有大殿高阁,原来的清雅幽远之气消遁。

昔日,逢夏季积水潭荷花盛开,文人雅士前来赏花,然后憩于金刚寺。

明顾锡畴有诗写金刚寺:

> 结夏禅林迥,无门可闭关。
> 湖光依北阁,爽气借西山。
> 日永诸天静,钟清初地闲。
> 新辞魔眷属,定入夜云还。

前四句写寺景,后四句则表现诗人的参佛悟禅的状态和心态。

谁家帘幕夕阳红

——昊天寺

昊天寺,在西便门,辽刹。有宝塔曰宝严,一井泉。乾隆时已废为农圃,惟万历间山阴朱敬循一碑尚存。其建置本末俱不详。

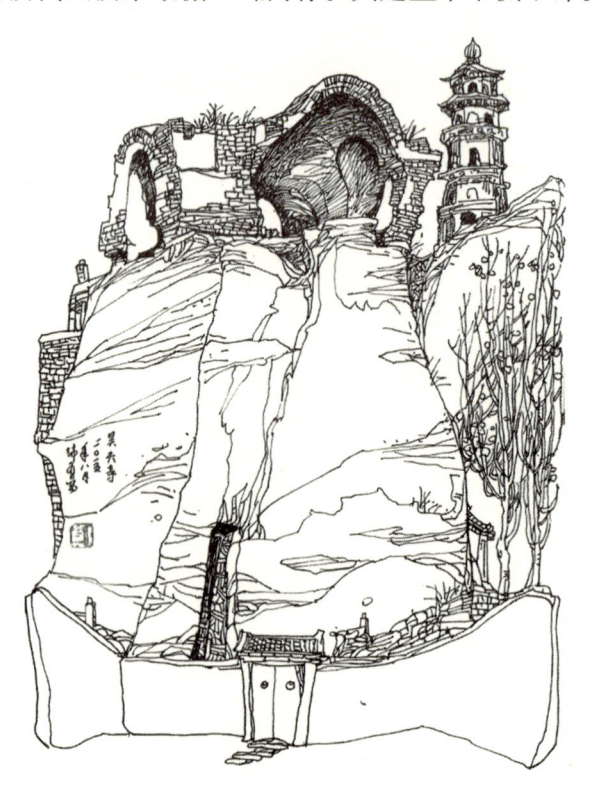

"寺门一井,泉特清洌,不下天坛夹道水也"(《宸垣识略》)。

史载:"辽道宗(耶律洪基)喜作字,秦越大长公主舍棠阴坊第为大昊天寺,帝为书碑及额,在燕京旧城。"

元王恽《登昊天寺宝严塔》诗,让我们依稀可见昊天寺和宝严塔真容:

> 高标直上跨苍穹,物外方知象教雄。
> 九陌市声开晓色,两都乔木动秋风。
> 遥怜汉马屯湘渚,安得长书附塞鸿?
> 寂历村墟野烟外,谁家帘幕夕阳红?

清王士祯《柬陈蔼公于昊天寺》诗中,只能脱离现实怀古论世名了。

> 重来依老衲,兰若倚西城。
> 白日一何速,青山无世情。
> 冢中王辅嗣,林下古先生。
> 好共蝉连语,宁论世上名!

举头鸿雁惜归程

——善果寺

善果寺在宣武门外白纸坊,旧名唐安寺,创于南梁。明天顺间复建,有修撰严安理、太常卿张天瑞等四碑。寺内有毗卢阁、芙蓉殿并池塘。清顺治十七年(1660年),世祖皇帝来善果寺。

冯溥《九日登善果寺毗卢阁》诗：

宝阁崚嶒（léng céng，山高）俯帝京，芙蓉西望削初成。

龙窥方丈三更雨，天假重阳一日晴。

入眠黄花矜晚节，举头鸿雁惜归程。

茱萸剩有仙人佩，池草何缘寄远情。

魂来沧海鬼犹雄

——悯忠寺　宋使臣不食而死

悯忠寺后改名法源寺,在广安门外,采师伦《重藏舍利记》称寺在广宁门城东内百步,即今菜市口西南烂面胡同西。唐贞观十九年(645年)诏令立寺。《重藏舍利记》碑,时存悯忠寺,于会昌六年(864年)九月立。

寺内有两塔。高可十丈,是安禄山、史思明所建。安禄山,以骁勇善战,被幽州节度使守珪赏识,养为义子。后以战功任平卢兵马使等职,又取得唐玄宗及杨贵妃的宠爱,逐日升迁,任平卢、范阳、河东三镇节度使。天宝十四年(755年)在范阳(今涿州)举兵叛乱,南下攻入少阳称帝,国号燕。其部将史思明攻占河北十三郡,后也称帝,国号大燕,立都北京,史称"安史之乱"。后二人皆被各自的儿子所杀。

寺内原有景福元年(892年)碑,记"大燕城内有悯忠寺,门临康衢",可与安史建悯忠寺塔互证。明正统间,改为景福寺,也缘此。

又据《宸垣识略》载:"唐太宗悯东征士卒战亡,收其遗骸,葬幽州城西十余里,为哀忠墓。又于幽州城内建悯忠寺,中有阁。"

所谓"唐太宗悯东征士卒战亡",系指唐太宗于贞观年间发动的对高丽的战争。

悯忠寺由山门、钟鼓楼、天王殿、大雄宝殿、悯忠台、大遍觉堂、藏经阁及东西廊庑组成,因殿宇"究极伟丽",世有谚云:"悯忠高阁,去天一握。"

悯忠堂藏有残破的苏灵芝书宝塔颂、景福元年《重藏舍利记》碑、辽大安间《观音地宫舍利函记》及金大定间礼部题名记诸碑,皆足资考证。

清雍正九年(1731年),发帑重修,赐额"法源寺"并御书联额,又御制法源寺碑,内阁大学士、礼部侍郎励守万奉敕书。乾隆四十三年(1778年)又重修,有御书《心经》碑。

元张翥《登悯忠寺》诗,发悯忠之幽情:

> 百级危梯溯碧空,凭栏浩浩纳长风。
> 金银宫阙诸天上,锦绣山川一气中。
> 事往前朝僧自老,魂来沧海鬼犹雄。
> 只怜春色城南苑,寂寞余花落旧红。

张翥,官至翰林学士承旨,有《蜕庵集》,诗风"雄浑流丽",而词也工稳宛曲。由此诗可见一斑。

清魏之琇《游悯忠寺》诗:

> 琳宫深邃柏苍苍,忏佛台因古国殇。
> 妙法有源逢圣世,孤忠堪悯惜唐皇。
> 老僧戒约温而厉,游客诗情慨以慷。
> 莫向残碑说安史,景山鼖鼓更凄凉。

在悯忠寺,曾发生过南宋使臣至燕京不食而死的故事。

南宋官吏谢枋得,曾任建康(南京)考官,因抗元流亡建宁(今江西上饶),以卖卜教书为生。后被魏天祐强迫为使官,北至元大都。谢枋得"问谢太后攒所及瀛国公所在,再拜恸哭。已而卧病,迁悯忠寺。见壁间有曹娥碑,泣曰:小女子犹尔,吾岂不汝若哉!不食而死。明景泰中谥曰文节"(《宸垣识略》)。曹娥,在江南名声甚大,相传在汉代,十四岁女孩为寻找其溺水父亲的尸体,于五月五日投江。于是浙江上虞一带,把端午节称为"女儿节"以祭祀这位孝女。曹娥碑,东汉时为孝女曹娥所立之碑。记曹娥尽孝道之事。

明袁继咸《燕都吊谢叠山》诗：

> 北风尘起征车促，南火伤心不再嘘。
> 三败犹还仲母在，两旬忍饿汉臣如。
> 归降当日原无表，却聘留今只有书。
> 无使先生沈卜市，建阳桥东首阳居。

明御使赵譔祠在悯忠寺西，崇祯甲申殉难，墓在祠后。乾隆间赐谥"忠愍"。

飞来吊寒食

——两座大佛寺 一在美术馆后街一在西直门外畏吾村

北京有两座大佛寺：一在东城大佛寺大街（现美术馆后街），一在西直门北三里香山乡畏吾村（现北三环蓟门桥西）。

东城大佛寺坐北朝南，建时年代无可考，拆毁时间是1957年。原大佛寺有山门，往里有三进，依次曰天王殿、大雄宝殿，供奉三世佛与护法之神，最后为藏经殿。中轴左右有禅堂、方丈室、斋堂、僧舍等。

其山门甚精美，门一间，面阔一丈七尺余，进深近一丈，石基砖砌，大式歇山筒瓦顶，上有吻兽及垂兽，排山沟滴，黄琉璃瓦剪边，石级一出四级，横式石额为"敕赐护国普法大佛寺"九字。

西直门北大佛寺，明正德间，太监张雄建。武宗朱厚照赐额曰"大慧"并护敕勒于碑。

大佛寺有大悲殿，重檐架之，铜铸佛像，高五丈，当地人叫大佛寺。嘉靖中，麦姓太监于其左增佑圣观，后山盖真武祠。当时，嘉靖帝信奉道教，大佛寺因此而香火大盛。有大学士李东阳、李本，礼部尚书王锡爵碑记为证。又有资料说，大学士李东阳之墓就在畏吾村。

清乾隆二十二年(1757年)重修大佛寺。

查慎行有《畏吾村》诗：

> 村童担上沙，丞相墓前石。
> 惟有宫中鸦，飞来吊寒食。

孤月万松明

——龙华寺

《宸垣识略》载:"龙华寺在簪儿胡同,明成化三年建。"簪儿胡同,今已无考。大约在鼓楼北德胜门一带。

明成化三年(1468年),宪帝朱见深时造寺,赐额龙华。原有明碑二。至清康熙五十二年(1714年)重修,敕改瑞应寺。圣祖玄烨亲题联匾,吏部侍郎汤右曾也刻碑。史载当年夏,寺中文官果树长出并蒂骈颗,青荧光泽,僧人将之献给朝廷,众官吏莫不赞叹,说此乃祥瑞之果,康熙皇帝大喜,为此写诗刻于碑。

明张嘉胤写有龙华寺诗:

>地有龙华胜,心随石榻清。
>春风一枕到,孤月万松明。
>花散诸天雨,钟鸣不夜城。
>抽簪如可得,于此悟无生。

明冯有经也诗曰:

>湖际先朝寺,幽棲验物情。
>磬声松下静,鸟语竹间清。
>菰(gū 茭白,果为菰米)米羞香饭,园葵蔫露羹。
>重来知几日,虚负老僧盟。

清高士奇《龙华寺看新竹》诗：

> 拂槛清阴细,窥帘绿影深。
>
> 露香生静夜,风籁发禅心。
>
> 解箨(tuò 竹笋皮)犹含粉,抽条已满林。
>
> 渭川千亩意,相对日披襟。

三诗平白如话,淡得出奇,写的是人人皆懂得但又不是人人都能写出的意境,尤其都重视用方言描绘自然景物,借以表现诗人的情怀。

这是诗,又似画,有影像,有神韵,诗情画意洋溢字里行间,游目骋怀,甚有余味。

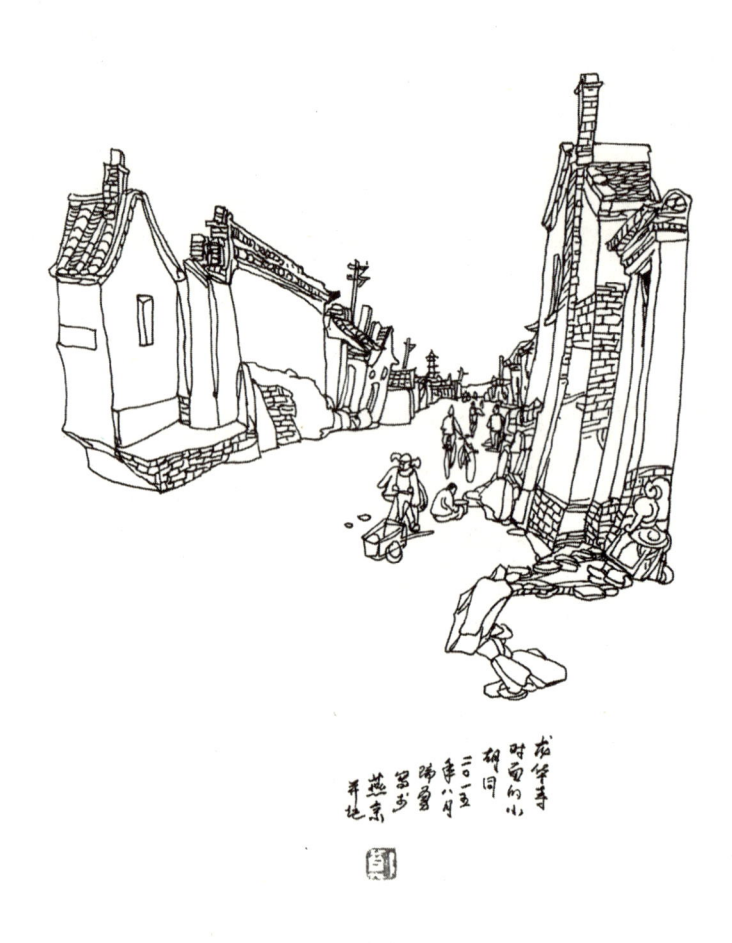

相看尘土气

——双林寺 万历印度僧足克戬古尔居之

双林寺,在阜城门外。明万历初,大珰冯保营葬地,建双林寺。冯保,明万历间宦官,字永亭,号双林。双林寺,依其号而名。嘉靖中,入宫为中官。隆庆时,提督东厂兼掌御马监事。因事深结张居正,后既掌司礼,又督东厂。神宗十岁即位,冯保依太后势,神宗畏之。冯保筹建双林寺。因冯保不久失宠,寺未成。

双林寺在万历间,"西竺南印度僧足克戬古尔居之,赐名西域双林寺"(《城垣识略》)。

足克万历四年(1576年)东入中国,始住天宁寺,后过阜城门外二里沟,见一松盘覆,趺坐其下,默诵陀罗尼咒,一月不食。僧耳环手钵,披红毯为衣,紫面而髯卷,酷似古达摩相。长侍毕某奏于神宗,神宗赐金禅衣,重建双林寺,供其住。

双林寺殿供三大士,西域人相貌。寺后有一土山,山前一塔,旁多朱樱。周有荷池。叶映榴《双林禅院观荷》诗:

> 胜侣寻幽刹,芳筵对水张。
> 宿红窥镜影,高翠捧珠光。
> 雨后人尤爱,觞传我亦狂。
> 相看尘土气,俱付碧云乡。

《六研斋笔记》载,"番僧锁喃囔结自述云:初至中国,住五台山罗㬋寺二年。遇太监刘润,引至北京双林寺。万历三十年(1602年)五月,启奏明肃皇太后,命住万寿庵(即万寿寺)持咒三年。有番经厂太监张贵奏于御前,令引见,命住双林寺,设坛济幽四十九昼夜,赐紫衣宝冠,命西经厂掌坛教授中贵云云。"其叙甚详。

《帝京景物略》所载多传闻之误,不赘。

禅宫添阒寂

——圣安寺

圣安寺，在牛街，地名东湖柳村，金时建寺，有金世宗完颜雍、金章宗完颜璟二帝塑像。朱竹垞云："考宋显夫《城南俚歌》有'停骖惆怅圣安寺，后堂空祀李宸妃'，则寺所留像不独二帝矣。"李宸妃，金章宗宠妃，有文才，曾与章宗对诗，妙语联珠。圣安寺内有池，林木茂盛。

明崇祯时，"寺奉佛像三，诸天像四，以藤为胎，泥金装饰，璎珞甲胄，俱嵌珊瑚、青金诸宝石，庄严精好"。寺僧云，崇祯时皇宫所赐。

乾隆四十一年（1776年），发帑重修，额曰"敕重建古刹圣安寺"，内殿额皆乾隆书。寺修好后，将寺内三世佛像三尊，移到静明园供奉，又将栴檀佛像一尊，移于大内宁寿宫供奉。其原存像皆重塑，庄严完好。

寺东廊有两碑：一前刻栴檀佛像，后刻达摩像；另一前刻观音像，后刻关帝像，俱刻万历己丑八月爱子。至乾隆时，明僧庆德碑已无，张寿朋碑尚存。寺内二株古松，俱百年物，独原植两株楸树已无踪影，金元时碑也俱无考。

宋荦《夏日柳湖僧舍》诗：

问夕微风起，遥天片月斜。

禅宫添阒寂，帝里得烟霞。

小院摇清碧,长楸落晚花。
西山还对我,空翠浩无涯。

宋荦,康熙宠臣,官至吏部尚书,致仕后又加太子少师。宋荦笃学好古,尤推崇苏轼。《池北偶谈》记其曾绘苏轼像,而已立其侧,足见对苏的景仰。他的诗文纵横奔放,刻意求新。与侯方域、王士禛等名士交游甚密,常以诗歌相酬答。有《漫堂说诗》等存世。此诗简洁高远,寄兴微妙,有苏轼神韵。

苔侵破庙壖

——归义寺　唐寺乎,辽寺乎

归义寺,在白纸坊。朱彝尊引诸书,俱以为辽刹。天王殿前一碑,无撰书人姓氏,额题"弥陀邑特建起院"。碑文称,"寺肇自清宁七年(1061年),买徐员外地,遂为归义寺"。又据《倚晴阁杂抄》云西半里有菜圃,辽碑在焉,"辽时石幢久沦土中,乾隆十九年(1754年)土人于菜圃掘得之,记二篇,今置善果寺"。

而《析津志》则云,寺实建于唐。《宸垣识略》说得更具体,归义寺内,"有大唐《再修归义寺》碑,幽州节度掌书记、荣禄大夫、检校太子洗马兼侍御史、上柱国张冉撰,略曰:归义金刹,肇自天宝,迫以安氏乱常,金陵史氏归顺,特诏封归义郡王,兼总幽燕节制,始置此寺,诏以归义为额。大中十年(857年)庚子九月立石"。

说归义寺肇于唐或辽,皆引经据典,言之凿凿。年代久远,寺已不见,无法说清,但金陵史氏归顺,故立归义寺,却是清楚的。

清查慎行《归义寺》诗:

　　地作邻人业,苔侵破庙壖(ruán 余地)。
　　两三碑背字,犹记会同年。

从诗中"犹记会同年"看,查也认为破败的归义寺建于辽会同年间。此诗语言，并无奇字险句，似乎未经推敲，特别是三、四句，纯系白话。但自然通脱、清楚、明白、匀称，信手拈来，似拙而实工。

苍茫云外深

——慈寿寺　九莲菩萨经

慈寿寺,去阜城外八里。明神宗朱翊钧为其母慈圣太后所建。万历六年(1578年)竣工,殿宇宏丽。

进寺山门"左有永安寿塔,十三级,耸出云汉。四壁金刚像如生"(《宸垣识略》)。乾隆二十二年(1757年)敕重修。

有明大学士张居正碑。张居正官为礼部尚书兼武英殿大学士,神宗即位,进为首辅,在神宗支持下,整饬吏治,加强边备,改革漕运,丈量土地,行"一条鞭法"等,朝政为之一新。尊帝而及太后,故立碑称颂。

阁臣申时行、许国、王锡爵有《瑞莲赋》,刻碑于寺左。

《明史》载,孝定皇后梦中,有九莲菩萨授经。皇后醒,能一字不遗背诵,因录入《大藏经》中。旋在慈寿寺殿后,建九莲阁,内塑菩萨像,骑一凤有九首。寺僧相传菩萨即孝定皇后前身。乾隆时香云阁下东供像一尊,祥云中有跨凤九首之形。

孝定皇后传为菩萨前身,惊动京城,慈寿寺香客如云,香火极盛。

明陈万言有《慈寿寺》诗记其事:

> 帝城门外刹,舍卫国中台。
> 初地三摩入,慈宫万寿开。
> 午钟招雏雀,夜雨积莓苔。
> 怪底花间客,浮名逐梦来。

清翰林院侍讲刑部尚书王士禛《登九莲阁》诗,已见该寺廖寂:

> 凭栏试骋望,远近一寒林。
> 不见西山色,苍茫云外深。

流响更何如

——万寿寺 蒲牢兽与明首辅张居正撰碑

万寿寺,在西直门西七里。明万历五年(1577年)建。殿宇极其宏丽。

进山门,左钟楼,前临大道。钟铸自永乐间,径长丈二,钟内外铸佛号,弥陀、法华诸品经,蒲牢刻楞严咒。蒲牢,古代传说中的兽,李善注引薛综曰:"海中有大鱼曰鲸,海边又有兽名蒲牢。蒲牢素畏鲸,鲸鱼击蒲牢,辄大鸣。凡钟欲令声大者,故作蒲牢于上。所以撞之者,为鲸鱼。"这里指钟上铸很多蒲牢,作为兽纽。楞严咒:《楞严经》,佛教经名。钟为上等铜制,上面的字与花纹非常工整清晰,相传为明名工艺师沈度刻。少师姚恭靖监造,名曰华严钟,击之声可传数十里。以华严命钟名,说明万寿寺是佛教华严宗寺庙。后,钟弃之荒野。

寺中有大学士张居正撰文的碑。张居正,官居礼部尚书兼武英殿大学士,总裁《世宗实录》。神宗朱翊钧即位,遂为首辅。在位间,整饬吏治,加强边备,改革漕运,丈量土地,行"一条鞭法",朝政为之一新。

乾隆十六年(1751年),移钟至城北觉生寺,有碑,以满、汉、蒙、西番四体书。

明朱国祚《万寿寺》诗:

贝叶三车少,华钟万石余。
声仍到长乐,地合置精庐。
潇洒人王界,庄严学士书。
秋来霜落后,流响更何如?

朱国祚:明朝大臣,字兆隆。秀水(今浙江嘉兴)人,万历进士。二十六年(1598年),超擢礼部右侍郎。未几,尚书余继登死,乃摄部事。时皇太子储位未定,他摄尚书两年。疏谏正太子位至数十。光宗即位,特旨拜礼部尚书兼东阁大学士,入参机务。天启元年(1621年),加太子太保,进文渊阁大学士。三年,进户部尚书,改武英殿大学士。后遭弹劾,引疾归乡。长于诗,有《介石斋集》。《万寿寺》写于晚年,诗貌似疏漠平和,却也流露出命运蹉跎之慨叹。

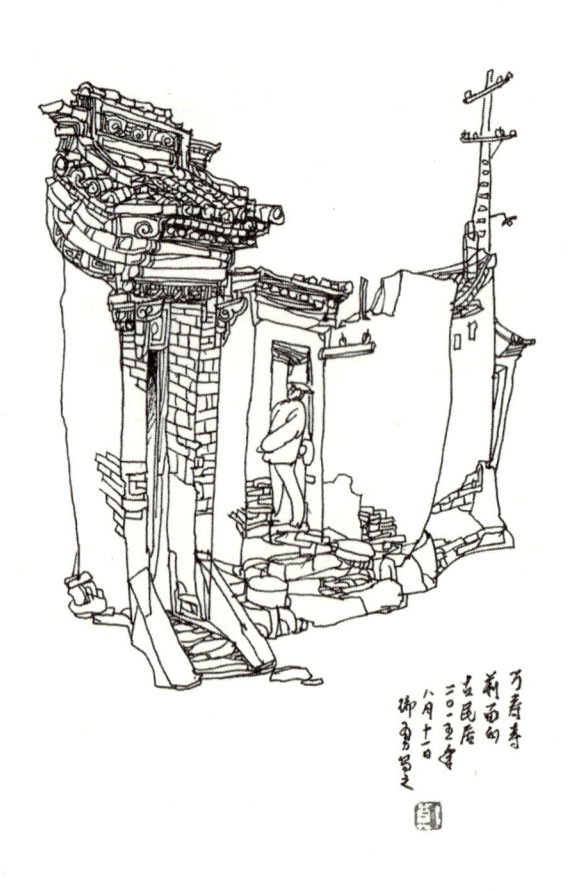

夕阳留未去

——白马寺　隋时名添官宝，清代曰白马坑

白马寺在悯忠寺南，隋刹，地名添官宝。清时曰白马坑。

殿后尊胜陀罗幢上，刻"仁寿四年（604年）正月上旬造"。仁寿，隋文帝杨坚年号。其581年建隋，589年灭陈，完成统一。由此可证，白马寺乃隋朝所建。

明洪熙年间，仁宗朱高炽重建。到清时尚存明朝翰林学士张元桢、工部尚书张文宪所刻二碑。

白马寺，进山门，东有僧塔，塔前有古碑，年代久远，已被战争和侵占者所毁，清时寺庙已圮。

朱彝尊有《白马寺》诗：

> 仁寿千年寺，今存半亩宫。
> 落钟横道北，瓦塔限墙东。
> 客至愁嗥犬，僧寒似蛰虫。
> 夕阳留未去，双树鸟呼风。

朱彝尊（1629－1709），康熙时以诗词散文闻名江南，康熙十八年（1679年）应博学鸿词科试，任翰林院检讨。其游白马寺并赋《白马寺》诗，大约是在康熙二十年。那时白马寺已毁矣，只留残破寺址，荒芙芜不。寺钟弃于道边，瓦塔散落一地，夕阳狗吠中，僧人饥寒僵如虫，最是凄凉。该诗睹物思古，以寓历史兴衰。正是夕阳老树鸟悲鸣，颓寺一望断人肠。

诏封大国师

——大真觉寺 中国最古老最精美的金刚宝座式塔

大真觉寺，在西直门外白石桥。"明永乐时，西域中印土僧板的达来贡金佛五躯，金刚宝座规式。诏封大国师，建寺居之。成化九年（1473年），诏寺中准中印土式建宝座，累石台五丈，藏级于壁，左右蜗旋而上。顶为平台，列塔五，各二丈。塔刻梵字梵宝梵华"（《宸垣识略》）。清乾隆二十六年（1761年）重修，并改"大正觉寺"。乾隆年改大真觉寺为大正觉寺，是避雍正胤禛名讳。又因寺内塔顶为五座金刚宝座塔，故俗称五塔寺。

大真觉寺早已毁废，仅留下现在的金刚宝塔。高台上的五塔造型近似印度佛陀迦耶大塔，其宝座上以中心四岔的布局方式，建造五座密檐式小石塔。中心一塔略高，有檐十三层，另四小塔十一层。中心塔南面正中，刻佛足一双，旁有莲花、八宝等佛教纹络，突出佛教宗派密宗的教义。但其结构和雕刻手法则极具我国传统民族风格。

所谓"西域中印土僧板的达来"，是一位印度高僧，永乐年来京，向朱棣皇帝进献五尊金佛和金刚宝塔的模型。朱棣在武英殿接见，并封其为大国师，赐金印，又答应给他建大真觉寺。后宪宗朱见深按金刚塔模型建塔，供奉五尊金佛。

类似五塔寺式的金刚宝座式佛塔，北京另有西黄寺的清净化成塔、碧云寺金刚宝座塔。另外，还有云南妙甚寺兰若塔和内蒙古呼和浩特市慈灯寺金刚舍利宝塔等。这些宝塔都晚于北京五塔寺。

宛在风光里

——十方禅院

十方禅院,在西直门小街观音寺胡同,当地人称弥勒庵。相传为明朝北留寺,明万历初准备翻建时,发现一块唐原碑,尺许。上刻贞观年月及北留寺记诸字,由此推断,十方禅寺前身为唐寺无疑。至康熙时,唐碑已圮。十方禅院,有葱茏花木,有流水潺潺,景致宜人。

明马之骏留有游十方禅寺诗:

> 宛在风光里,悠然水木间。
> 屡寻沿岸寺,稍见著城山。
> 忏佛难除懒,逢僧即共闲。
> 淹留无不可,拼与暮鸦还。
> 何处堪消夏?非山即水乡。
> 树深浑欲暝,花近反无香。
> 欲晚波难绿,迎秋水渐苍。
> 市哗原未远,烟景乃微茫。

诗人寻十方禅院,袖手水木间,见懒散闲僧,夕阳归鸦,一幅悠闲景况,妙在闲闲写来,全不费力。而"迎秋水渐苍"句,点染出寂寞凄清的心绪。而"市哗原未远,烟景乃微茫",一下子又把心从禅境收回,面对滚滚凡光,不得不走进世俗人间,品尝人生百味了。

02

|卷 二|

梦魂连夜到西山

——西山

西山,在西直门外三十里,为太行山之首。俗语说:"天下名山僧占多","西山诸兰若、白塔无虑数十,与山隈青霭相间。流泉满道,或注荒池,或伏草径,或散漫尘沙间。春夏之交,晴云碧树,花香鸟声,秋则乱叶飘丹,冬则积雪凝素,信足赏心,而雪景尤奇"(《宸垣识略》)。金章宗曾在此建行宫。元、明、清为皇家游幸之处。

青山流泉,原有灵性,有了与山水相谐的寺庙、白塔、古刹、行宫,西山便有了"人、文化、历史"的内容。

吴晟《西山》诗:

> 山泻琼池胜,披图按水经。
> 洞名疑小有,泉品类中泠。
> 缥缈朝烟白,微茫晚岫青。
> 涓涓通太液,终古赴沧溟。

宋至《西山道中》:

> 莺花三月漾春晖,杏子开残桑叶肥。
> 废寺寻来碑半仆,断桥行处柳成围。
> 抽芒小麦翻新浪,掠水轻鸥斗素衣。
> 望里诸峰图画好,吟鞭早喜谢尘鞿(马缰绳)。

元许衡《别西山》、明李东阳《西山》、陈元龙《晓望西山》等诗篇,以不同心态,从不同角度写西山风景。

李东阳之《西山》诗:

> 日日车尘马足间,梦魂连夜到西山。
> 近郊地在翻成远,出郭身来始是闲。
> 云里荡胸看缥缈,溪边洗耳听潺湲。
> 秋风忽散城头雨,先为游人一解颜。

下马溪头散步行,暑风绨纻(chì zhù 用葛、苎麻制成的衣服)入清林。
村肴野饭匆匆发,碧水青山面面迎。
踏尽平堤怜绿草,到来幽谷见云生。
西湖胜事年年别,几日愁多不出城。
半岭香台石磴斜,悬空缥缈散天花。
新闻塔寺雄西郭,旧赐经幢出内家。
避暑亭前泉带雨,回龙殿下水明霞。
太平天子闲巡幸,头白山僧诵法华。

长诗极力铺陈,尽写西山景物之秀美,最后一句也道出西山梵刹之盛。茶陵诗派领袖李东阳,明天顺八年进士,官至少师、大学士。成化、弘治年间,以台阁大臣之身份,主持诗坛,声望颇高。其提倡从音调、法度宗法杜甫,对前后七子有明显影响。但他的生活思想皆很贫乏,其诗道学味道很浓。这首写西山的诗,还有些味道。诗中两次用"缥缈",大煞风景。

西山寺庙古刹皆散落青山、碧泉间。著名的有十方普觉寺、碧云寺、观音堂、隆教寺、五华寺、广泉寺、圆通寺、太和庵、普济寺、普福庵、广应寺、关帝庙、碧霞元君庙、关圣庙……

退翁亭子苍崖前

——五华寺

在卧佛寺西，经隆教寺之沂（溯）泉，沿山路向上三里，即见寺门，再上半里许，有五华阁。传说建于金，至康乾时，寺已残破，我们只能从王士祯的《五华寺》诗领略其风采了：

退翁亭子苍崖前，五华古寺当其巅。
残僧夜雪煨芋火，童子开门寻涧泉。
石壁空青散云锦，金沙照曜浮清涟。
他时把酒萝荫下，风堕岩花乌帽偏。

此诗叙说月下山顶的五华山，雪夜里寺僧独坐火前烤山芋，童子去山里取泉水。寺周石壁云雾浓重，月照泉水涟漪。清幽孤寂中充满禅趣。诗人甚至想象有朝一日，自己也可坐禅萝荫之下，任山花飘落，僧帽被风吹偏。

残碑无字纪辽金
——广泉寺

五华山之西,有广泉寺。名广泉寺,乃寺周山泉众多,"泉源有丝路通",寺中有一水井,也是一座"硐水声闲寂,林花色相空"的幽静之寺。寺建于何时,可从清时十四岁入朝为官的宋荦《广泉寺》诗中猜度:

> 山椒旭日哢(lòng)春禽,
> 破寺何妨振策寻。
> 荒径有人挑笋蕨,
> 残碑无字纪辽金。
> 禅房叠石吴中手,
> 别院看花世外心。
> 雅爱僧雏能解事,
> 硬黄一幅索清吟。

诗中从无字残碑推测,广泉"破寺"或造于辽金。宋荦与侯方域、王士禛为文友,其诗与王士禛齐名。王宋两位诗人之诗清新淡雅,极富画境。

山泻琼池胜

——广应寺

广应寺在卧佛寺西南里许。据《宸垣识略》载:"寺有白松,箕踞其下,望见碧云、香山诸寺。"寺之西为木兰陀。山顶是玉泉庙,其庙侧有满井,水手可掬。西山顶共有两井,一是广泉寺井,一是此广应寺井。二井水甘洌,冬暖夏凉,大凡到西山品茗,多取二井泉水。

吴晟有《西山》诗,记泉水之盛:

> 山泻琼池胜,披图按水经。
> 洞名疑小有,泉品类中泠。
> 缥缈朝烟白,微茫晚岫青。
> 涓涓通太液,终古赴沧溟。

白云飞去寺门闭

——洪光寺

洪光寺，也在西山。上行玉华寺，再上就是玉皇阁，往下是碧云寺、弘法寺。登洪光寺皆石阶、九曲历十八盘而上，径尽而至寺门。途中松柏成行，如屏幛。寺周有矮石墙，塞且平，可坐以歇脚。远望，西山之景尽收眼底。

洪光寺，明成化间，由太监、朝鲜人郑同修建。寺内圆殿，有千佛坐宝莲，面背相向，造像极为精巧。郑同自己写碑文，又有同朝姜立纲书碑。

明邓文钦《洪光寺怀陈丈》诗：

> 寺里还藏寺，山头别起山。
> 磴盘千级上，僧占一峰闲。
> 秀色怀前堕，孤云杖底还。
> 元龙负奇好，惆怅不同攀。

明朱正初《洪光寺》诗：

> 石磴千盘殿角寒，到来松色满阑干。
> 白云飞去寺门闭，留得斜阳向客看。

层峰开净域

——玉华寺

玉华寺在洪光寺东。寺庙后有水池,泉流涓涓,终年不绝。山房十余间,称玉华别院。越过巨石折而西北,另有一座小院,名慈寿庵。

清人吴长元说:"玉华寺今在静宜园外垣,其南新辟小轩,即玉华岫也,为二十八景之一。"二十八景,今已无考。

明王嘉谟《玉华寺》诗:

层峰开净域,十丈控丹梯。
坐瞰平湖浅,中分万岭低。
斜阳传塔影,飞瀑乱莺啼。
自觉诸天近,香花聚路蹊。

无劳更问禅

——碧云寺 孙中山衣冠冢

碧云寺,坐落在香山北麓,与卧佛寺、香山静宜园不远。寺庙东向,山门至寺院依山势步步上升,差约三丈。《宸垣识略》载:"元耶律楚材之裔阿利吉舍宅开山,明正德中,内监于经拓之。天启中,内珰魏忠贤修之,奢侈逾甚。"实则该寺建于元代至顺年间,名为碧云庵,明正德年间扩建。明天启间,大太监依朱由校之宠信,扩展碧云寺时选碧云寺后的一块地为自己建墓。公私兼顾。崇祯即位后,捕魏忠贤,其上吊自尽。墓地遂废弃。清皇康熙命将墓地铲平,乾隆时对碧云寺重葺。

碧云寺殿四重,山门内有金刚殿,殿内有哼哈二将,高丈三。天王殿内有明铜铸弥勒佛。高六尺。两厢原有四大天王塑像,毁于北洋军阀战乱。天王已无,遂改弥勒殿。殿两旁有钟鼓二楼。寺院后面正殿供奉如来佛等三圣,皆泥塑漆金。殿背面,有倒座观音菩萨并善才、龙女、龙王、韦陀塑像,周边有观音菩萨救八难故事悬塑烘托。两侧山墙有十八罗汉、唐僧取经神话传说壁塑。正殿前有重檐八角碑亭,中立乾隆御笔石碑,碑文乃重修碧云寺记。正殿后,为菩萨殿,供奉观音、地藏、文殊、普贤、大势五大菩萨塑像,各乘象、狮等瑞兽,东西两厢塑有二十四天神及福、禄、寿、喜四星。殿后,过木、石、砖三座牌坊和两座重檐八角碑亭,即见用汉白玉砌成的金刚宝座塔。塔下有方形石砌高台,上建五座小密檐塔并两座小喇嘛塔,石壁刻有各种图案及佛像。金刚宝座塔,乾隆十三年(1748年)建。汉白玉的塔身,在茫茫碧色中,卓然而立,别有气象。

寺后有藏经阁。寺北还有涵碧斋,后为云容水态,为洗心亭,后又为试泉、悦性两山房。是皇帝临幸憩息之所。康熙时,寺内还有两元碑,一为至顺二年(1332年)立,一为元统三年(1335年)立。

碧云寺,北面与永安寺相临。殿前甃石为池,深丈许,水引自寺后石缝之泉,喷薄入石渠,泉名卓锡。泉旁有一古柳,树干有大树瘤,人呼瘿柳。柳左堂三间,万历朱翊钧题"水天一色"额悬其上。堂前临荷沼,沼南修竹茂密成林。岩下一亭,曰啸云。水绕亭后,折而注沼。寺僧又引泉过香积厨,再绕长廊出殿两庑,左右折复汇于殿前池,池蓄鲤千条。有石桥下达于溪。

明莫如忠《碧云寺》:

> 香台何处觅?倚仗蹑层巅。
>
> 出树凌飞磴,穿阶响暗泉。

　　　　　　　洞阴扃若户，林霭碧于天。
　　　　　　　到切归依想，无劳更问禅。

施闰章《碧云寺》：

　　　　　　　香山东去画冥冥，碧殿丹楹倚翠屏。
　　　　　　　老树数围全覆屋，流泉万折故依亭。
　　　　　　　碑传中贵祠园地，阁护先朝敕赐经。
　　　　　　　乱后璇题渐零落，檐前依旧万峰青。

王士禛《碧云寺》：

　　　　　　　入寺闻山雨，群峰方夕阳。
　　　　　　　流泉自成响，林壑坐生凉。
　　　　　　　竹覆春前雪，花寒劫外香。
　　　　　　　汤休何处是？空望碧云长。

宋荦《碧云寺》：

　　　　　　　放眼来青嶂，斋心入碧云。
　　　　　　　楼台当磵起，钟磬隔花闻。
　　　　　　　初地惟流水，空山又夕曛。
　　　　　　　寄言猿鹤侣，何日许为群。

汤又曾《早至碧云寺》：

　　　　　　　群山忽开豁，烟破出秋晓。
　　　　　　　溥露晞草根，朝阳升霞表。
　　　　　　　阴森槐径入，岩殿架缥缈。
　　　　　　　入门泻幽泉，纡直阑槛绕。
　　　　　　　廊深尘漠漠，钟远声杳杳。
　　　　　　　讵知因登陟，临岩已木杪。
　　　　　　　晚秋落桂子，败叶冷荷沼。
　　　　　　　因虚起孤亭，碎玉响风篠。

徘徊冲襟写,萧散尘虑少。

万籁同窅(yào 眼睛眍进去,喻深远)然,遗迹绝飞鸟。

四诗皆以《碧云寺》为名,分别将春、夏、秋美景呈现如画,又写出身世两忘,万念皆寂。其受宋代严羽"以禅喻诗"的影响,将神韵与禅机融为一体。同时借景抒发其孤寂之感。

碧云寺后殿曾在1935年停放过孙中山先生的灵柩,为世人所瞩目。后孙先生灵柩南移南京,其衣冠留葬于金刚宝座塔石龛中。供人凭吊。

作为孙先生的衣冠冢,堂内陈列着当年苏联政府所赠水晶玻璃棺,以及孙中山先生的雕像、照片、遗作等珍宝之物。

输尔只高眠

——卧佛寺 五十万斤铜铸卧佛

十方普觉寺,俗称卧佛寺,在西山南麓。始建于唐贞观年间,名为兜率寺。元朝英宗至治年始,泰定、致和、天顺诸皇帝历十年重葺扩建,改为昭孝、洪庆。明时又历五次重修,改名永安寺,又改寿安寺。清雍正间再次重修,改为十方普觉寺,乾隆四十八年(1783年)又大规模重修扩建。

又据史载,曾因山得名寿安山,元果逻洛纳新题。张文忠《谏罢灯山稿》诗自注"至治间(元英宗1321年),御史观音保谏五华山事弃市,公时为中书参议,翊日上谏灯山疏"。可证今卧佛寺所在之山,亦称五华山。元时之昭孝寺也。

卧佛寺,南向,由三组并列院落组成一庞大建筑群。山门外有石铺坡道,长百丈,由低而高,南北坡高差三丈五尺。道两旁植柏树,冠相交合。山门前有四柱七楼琉璃牌坊,上额"同参密藏"四字。下过白石小桥入山门殿,有哼哈二将塑像。山门殿北,为天王殿。殿前有二株古娑罗树,唐建寺时植,据载来自西域,乾隆时,已三围。此树叶似楠,皮如玉兰,色葱白,花苞大如拳,叶似枇杷,凡二十余叶,相沓捧苞,类桐花,一簇三十余朵,经月方谢。鸟不栖、虫不蛀、做药能下气,籽如橡栗,可疗心疾。

天王殿供奉金漆泥塑弥勒佛像及韦陀像。再北是单檐歇山顶殿堂，两厢有四大天王彩绘坐像及十七尊罗汉身穿袈裟泥塑坐像。倒座观音菩萨和十八罗汉塑像。

而东南一尊罗汉身披铠甲穿靴戴盔，极威武。据传说，此为乾隆敕命按其本人雕造。

三世殿东配殿供奉悉多太子、达摩祖师、波斯匿王、地藏菩萨塑像。

三世殿北，是卧佛殿。殿内有巨大铜佛卧，身长丈五，重百万斤。卧佛头朝西，面向南，右臂曲肱托首，左手臂放于腿上。神态安详而怡然。《元史》载，铜卧佛元时造，用铜五十万斤，役匠万人而铸，耗一年而佛成。

卧佛后，环立十二圆觉塑像。为释迦牟尼涅槃前，娑罗树下向众弟子嘱托后事情境。

卧佛寺后，原有一小殿，内供香檀佛，唐贞观间李世民时造。今已无存。寺门明胡濙碑，也无踪。

王士禛《卧佛寺》诗：

> 清晨越南磵,毕景来东林。
> 石径入幽阒,稍闻钟磬音。
> 禅房鸭脚古,别院桫椤阴。
> 春夕月复佳,微云灭遥岑。
> 山气自苍郁,天宇亦森沉。
> 道人淡相对,松风洒衣襟。
> 夙怀清净退,因识妙明心。
> 寂寥无可说,诸君张玉琴。

朱彝尊《卧佛寺》诗：

> 路入青云北,山歆卧佛前。
> 津梁疲已甚,土木意能传。
> 夜续林中磬,春流枕外泉。
> 长安车马客,输尔只高眠。

王、朱二位诗作写景抒情、又叙事。情中有景、景中有情、情景交融,天然浑成。特别是诗中创造的那种禅境,毫无浅易鄙陋俗气,有回环唱叹之妙,禅味无穷。

宋荦《自玉泉至卧佛寺》诗：

> 西山之麓湖之涯,玉泉亭榭开天家。
> 访古已入华严洞,徘徊敢驻巾柴车。
> 耶律孤坟竟何在?荒烟一抹宫人斜。
> 樵夫导客游卧佛,苍岩抱处云林嘉。
> 其旁咫尺维退谷,其巅古寺有五华。
> 寻幽无事相迫促,入门且看山桃花。
> 桫椤来殿做虬舞,油油新叶浓荫加。
> 披襟跂(qǐ 踞起)脚送落日,斗大树瘿与徒夸。
> 故人命酒余戒饮,清泉一勺煎三桠。

墙隅小邱启绀宇,盘桓直欲凌丹霞!
微风不动万籁静,何来聒耳纷鸣蛙。
方塘潋滟凿山趾,一泓不异樽罍(léi 酒器)洼。
黄昏待月坐精舍,跏趺(jiā tū 佛教徒一种坐姿)岂与维摩差?
夜阑耿耿增感触,缮性未熟同炊沙。
诗成题壁字欹侧,悬如他日无笼纱。
钱翊属和意良厚,我诗尚望攻其瑕。
参横月落重呼酒,倦仆相顾生咨嗟。
空阶倚杖望碧汉,迢遥不见纤云遮。
明朝结伴穷硐壑,山灵知我不我遐。
晨钟忽动掉头去,松梢肃肃盘飞鸦。

　　宋荦之诗,写玉泉山至卧佛寺所见闻经历,虽景物情绪缤纷多彩,惝恍莫测,但意蕴并不幽深华赡,且艰深晦涩。

玉泉山诸寺

玉泉山,在青龙桥西,西山一部分。《帝京景物略》载:"玉泉山,山块然石也,鳞起为苍龙皮,山根碎石卓卓,泉也碎而涌流。"

玉泉山,以泉名。泉出石罅,潴者为池,广三丈许。水清而碧,细石流沙,绿藻紫荇,一一可辨。山阳有巨穴,泉喷而出,淙淙有声,有人称之喷雪泉,燕京八景之一"玉泉垂虹"即此景观。《日下旧闻考》有"玉泉山天下第一泉记",曰"水之德在养人,其人类进,其质贵轻,然三者正相质,质轻者未必甘,饮之而蠲疴益寿"。据《宸垣识略》载:"金章宗建行宫于此,元明以皆为游幸之所。"

元王恽《游玉泉》诗:

峰头乱石斗嵯岈,水底浮光浸碧霞。

绝似苏门山下路,惜无修竹与梅花。

写玉泉芙蓉殿之妙与之憾。明清诗人刘大夏、王士禛、宋荦等也有写玉泉诗存留。

玉泉山寺庙颇为集中。辽、金、元、明、清玉泉山为禁苑。但其沿革不详。

《苑囿门》载:"玉泉上为龙王庙,南为观音洞、真武庙、吕祖洞,洞旁为双关帝庙,西南为冠峰亭,亭西为迸珠泉,稍北为水月庵。北为圣缘寺,寺北为仁育宫,奉天斋。又西宫门外迤北有妙善寺、香露寺、普通寺、妙云寺,皆在禁苑左右。"

龙王庙,在玉泉山麓,庙筑于泉上,山旁石缝迸流溅雪。泓渟方广数丈,涌泉如珠,称裂帛湖。其湖泉仰射,如珠串。古榆荫潭上,极幽秀,游者忘拜残破龙王庙,而独赏裂帛湖。

王士禛《裂帛湖》诗:

裂帛湖光碧玉环,人家终日映潺湲。

分明一幅蔡侯纸,写出湖南千万山。

朱彝尊记裂帛湖诗:

裂帛湖流两岸平,柳阴风暖燕飞轻。

年光冷笑长安客,开遍山桃不出城。

查慎行等也有写裂帛湖诗。

佛号曾呼禁苑中

——观音寺

观音寺,在玉泉山东二里。寺依山,入门有洞,深广二丈,亦称吕公洞。观音洞,传说昔日观音菩萨憩此,故得名。观音洞下临一潭,丈余宽。山上有看花台、卷幔楼。

查慎行《吕公洞》诗,写厌倦官场沉浮,欲求心灵解脱之叹:

只道山穷水亦穷,忽攀石磴与云通。
芙蓉殿底三重阁,杨柳桥南一面风。
老去文人多入道,从来绝境必凌空。
知君欲傲长江簿,佛号曾呼禁苑中。

曾记宣皇赐幸年

——金山寺

金山寺,距崇贞观不远。山有玉龙洞,洞出泉,甃石为暗渠,引水伏流,东去五里,入昆明湖,泉名龙泉。有望湖亭建其上。

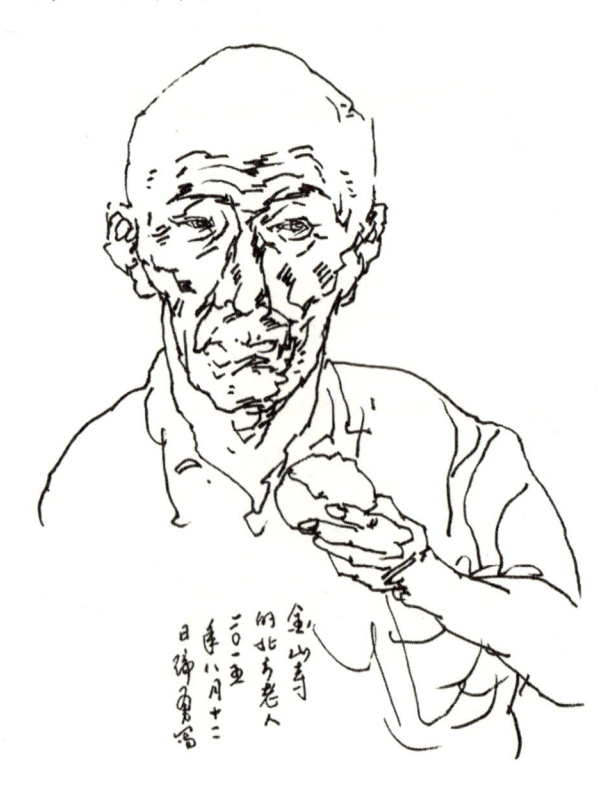

明张冶《望湖亭》诗：

> 望湖亭下水如天，曾记宣皇赐幸年。
> 玉辇不来凫雁冷，一湖杨柳锁寒烟。

诗中所谓"宣皇赐幸年"，系指明宣宗朱瞻基曾到此游赏，华盖玉辇，从者如云，盛况空前。时光流逝，物是人非，有一种人生沧桑感。

寻幽入杳冥

——香岩寺

香岩寺,在妙高峰下,寺后有塔曰妙高,北为罗汉洞,上为水月洞。妙高塔,即玉峰塔影,为静明园十六景之一。

敬一主人《香岩寺》诗：

    雨霁空山夕，寻幽入杳冥。
    雪封千磵白，露濯万峰青。
    飞鸟依簷宿，流泉伏枕听。
    朦胧空翠里，孤月自亭亭。

宛转入僧厨
——法云寺

　　法云寺,在西山妙高峰下,又称香水院。有两泉奔涌鸣于左右。寺门内以石壁围成方塘。殿依靠山石,石根涌两泉。西泉经茶灶绕中溜,东泉出经香积厨绕外垣,汇于方塘,所谓香水也。金章宗设八院游览,此其一院。至清时,草际有断碑,香水院三字尚存。除香院外,其他六院已无可考。

　　朱彝尊有《香水院》诗记之:

　　　　坏磴接云根,流泉来树底。
　　　　宛转入僧厨,淙淙鸣不已。

　　历史如这流泉,流走了金时的岁月,只留下断碑于凄凄荒草间。

好是香山寺

——香山永安寺 咸丰十年被英法联军毁,今又重修

辽金时,香山为皇家园林,金章宗设行宫并建香山寺(后改永安寺)。元明两朝扩建,皇家园林,已具规模。清康熙十六年(1677年)开始营建西北郊皇家禁苑,竣工后甚雄伟。至乾隆十二年(1747年)香山命名静宜园。永安寺等,皆划为静宜园。乾隆题署静宜园"二十八景",永安寺与寺内知乐濠、听法松为其中三景。

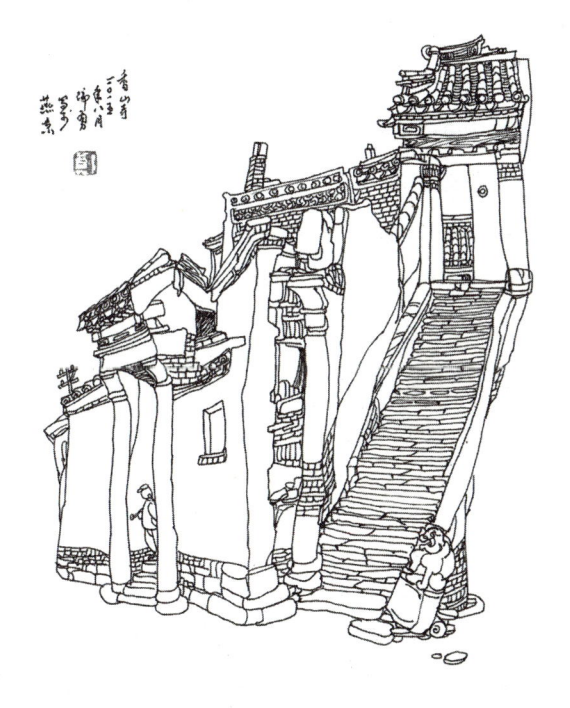

咸丰十年（1860年）深秋，正是"乱叶飘丹"之时，英法联军攻破京城，抢掠焚毁圆明园、颐和园同时，巍峨堂皇、盛极一时的香山永安寺及诸寺院也遭厄运。1900年再遭八国联军的破坏，西山诸寺之冠香山永安寺，变成一片废墟。

2012年春，香山永安寺重建工程正式启动，据说，复建永安寺将以最大限度保护其历史信息并再现香山永安寺清乾隆鼎盛时期的宏伟风貌，三年后它将重新成为京西一重要景观。

香山寺，金大定二十六年（1186年）二月落成。世宗游幸于此，赐名大永安寺。香山寺址，系辽中丞阿里吉之地。殿前有两碑，载舍宅始末。碑石光润如玉，白质紫章，寺僧人称鹰爪石。有人称寺即金章宗之会景楼。香山寺殿五重，斜廊平楣，两翼轩阁。世宗游寺时曰："西山一带，香山独有翠色。"明神宗万历来游，题轩曰来青轩。右转而北，为无量殿；转而西，曰流憩亭。香山多名胜，有葛雅川丹井、金章宗祭星台、护驾松、梦感泉、棋盘石、蟾蜍石、香炉石。明正统间，太监范宏拓之，费金七十万余两。

香山寺，又名甘露寺。石梁下有方池，水清澈，明正统年间，遣中官以金鱼数十条投池中，至清时，已盈尺。金刚殿后有古椿六株。由画廊可登慈恩殿，其石为香炉冈，冈下有蟾蜍石二。石下有二井，相隔丈许，水深三四尺，俯手可濯。香炉冈乃乳峰石，时出云雾。梦感泉，来历有些传奇，相传金章宗至其地，梦射箭，矢落之地，泉涌，挖掘其地，果得泉，故得名。后寺僧以泉浅而再掘，泉息。

香山门径宽广，乔木夹道，流泉两侧。殿宇皆倚山而建。殿前有二古松，如虬龙交盘。左有来青轩，如衫袖忽开。下临绝谷，远眺玉泉诸山，皆伏眼前，如登泰山，一览众山之小。宾轩为金章宗祭星台。一次章宗经西南道上，有松密覆，因呼护驾松。西佛堂悬御书两匾，一曰雪白山青，一曰西岩。

王士禛《香山月夜诗》：

明月出东岭，诸峰方悄然。
残雪尚在地，掩映西斋前。

> 竹色既闲静，松阴媚沦涟。
> 清晖一相照，万象皆澄鲜。
> 此时憩寂者，宵分犹未眠。

宋琬，别号二乡亭主人，顺治四年进士，授户部主事。顺治十八年，因被诬下狱。后又任四川按察使，病死北京。其诗清越而雄壮。留下《宿香山寺》诗：

> 黛色西山好，年年马上看。
> 茱萸逢九日，襆被宿层峦。
> 拄杖松杉暝，吹笙殿阁寒。
> 五陵回首处，霜叶万枫丹。
> 遗墨留宸翰，危阑倚梵宫。
> 僧归红树外，鸟语白云中，
> 孤磬断还续，寒泉咽复通。
> 客从三峡至，战代说巴东。

诗显然是从四川返京后而作，感时伤事，表现失意和落拓，含激宕凄凉之音。宋琬与丁澎、严沆等被称为"燕台七子"。

施闰章，也是"燕台七子"之一。留下《来青轩》诗：

> 好是香山寺，东轩旧迹稀。
> 轻阴疏雨散，远色万峰归。
> 宸翰留丹壁，灵泉满翠微。
> 先朝游幸地，只有暮云飞。

施闰章，顺治六年（1650年）进士。康熙授翰林讲转侍读。诗风朴素。《来青轩》辞句清丽，温柔敦厚，少了宋琬《宿香山寺》的沧桑。

朱彝尊也有《来青轩》诗：

> 天书稠叠此山亭，往事犹传翠辇经。
> 莫倚危阑频北望，十三陵树几青青！

朱彝尊修《明史》，精通经史，因此诗中有史存焉。

清康熙间翰林院庶吉士查慎行有《西岩》诗：

> 病松龙攫挐，瘦路蛇曲屈。
> 僧去殿角穿，斜阳照古佛。

诗果然清新，有宋诗遗风，官运不错，心态也平和。

入石偏符面壁心

——先有潭柘，后有北京

潭柘寺是北京最古老的寺庙，燕人谚曰："先有潭柘，后有幽州（后被改为'后有北京'）"。

潭柘寺始建于西晋，距今已有1700多年的历史。潭柘寺位于京西门头沟区崇山峻岭中，因山上有"龙潭"，又多"柘树（落叶小乔木）"得其名。因其寺建筑古朴雄奇，四周林木苍郁，流泉飞瀑，环境灵秀优雅，有"潭柘奇秀，甲于天下"之说。潭柘寺有十景名闻天下：九龙戏珠、雄峰捧日、千峰拱翠、平原红叶、锦屏雪浪、层峦架月、飞泉夜雨、殿阁楠薰、万壑堆云、御亭流杯。潭柘寺又是北京最古老的佛教圣地。

据《宸垣识略》载："岫云寺即潭柘寺，在罗睺岭平原村，去京城西北九十里。晋曰嘉福寺，唐名龙泉……本朝康熙间赐今名，有圣祖暨今上御书额。又御诗碑三，并御书《心经》及《心经塔图》。寺内有倚松斋、延清阁、猗玕亭、太古堂，皆临幸憩息之所。"金皇统（1141年）间，曾改名大万寿寺。寺名多更迭，俗名潭柘寺恒久不变。寺有泉从山而来，涓涓者不绝，但寺中原有一株古柘，高丈许，久枯，僧人覆以瓦亭。后不存。寺中另有一宝，乃是龙王殿廊里的石鱼，长四尺，重百五斤。远观似铜铸，叩之如磬声悦耳，系一陨石。后毁废，今所见石鱼，为复制品。

寺内建筑，以一条中轴线贯穿该寺，左右两侧基本对称，体现中国古建筑的美学原则。寺庙中心，大雄宝殿、天王殿，气势恢宏，其重檐大脊，两端的大型琉璃鸱吻和殿壁的绘画，"犹是辽金前所绘，两殿鸱工绝，金元时故物也"（《宸垣识略》）。寺中置有一炒菜锅，直径六尺，深三尺余。另一粥锅直径丈二，深六尺，一次煮粥放米十石，熬十六时辰，粥香而黏。据传此锅有"漏沙不漏米"之奇。二锅可证寺中僧人众多，香火之旺。有史料说，晋、梁、唐、宋、辽、金，代有尊宿住寺说法，而唐代僧人华严师最为著名。

关于潭柘寺有不少传说。有云，山中有神龙，施潭为寺，一夕大风雨，潭成平地，佛殿基即潭。又有说，"殿中二蛇，长五尺余，名大青、小青，藏红匣中。匣标'护法龙王'。蛇无定止，或自逸野中，鸣钟则至。恒自匣穿炉足，交蟠供桌上"。甚至当地旧县志也有所记："龙去而子犹存，青色，长五尺，大如碗，时出现。"清人吴长元指出，蛇藏红匣云云，乃穿凿附会之说。但"潭柘寺有元妙岩公主拜砖，双趺隐然，几透砖背"，却言之凿凿，记于《元史》。据说，元世祖忽必烈之女妙岩，削发潭柘寺，日礼观音拜佛不辍，足下之砖，久被磨出深穴可没脚面。明万历壬辰，孝定皇太后想见识这块"拜砖"，遂命人用黄花梨木匣装此砖，迎入皇宫，后复送归寺。清朝曹仁虎诗曰：

　　　　早谢椒涂习呗音，琉璃地上足趺深。
　　　　生尘不学凌波步，入石偏符面壁心。

可证其事不虚。

施闰章有《潭柘寺》诗：

　　　　　　　良游欣素侣，越岑骋幽眺。
　　　　　　　眷兹云外峰，尘缨罕策驾。
　　　　　　　缘阶泻碧泉，古树卧残柘。
　　　　　　　旧闻此海眼，真僧寺龙舍。
　　　　　　　灵迹信有无，蜿蜒见犹乍。

阳坞竹还青，春渚梅未谢。

栖宿倘岩扉，潺湲响清夜。

原诗应十六行，而《宸垣识略》只引十四行，不知何故。诗乃一般游记，发些感慨而已。

潭柘寺周围尚有附属建筑及景观，上下塔院保存的从金以来的七十五座僧塔，为燕京佛塔数量之最，种类之最，保存完整，造型无一雷同，可称"燕京第一塔林"。主塔通理禅师塔，及塔林诸塔，皆存放历代高僧舍利，弥足珍贵。潭柘寺既是一处有灵山飞泉的风景胜境，又是一座有着丰厚文化遗产的宝库。

但惜春风残

——戒台寺 活动松与极乐峰

戒台寺,距潭柘寺约六里,位于马鞍山下,始建于唐朝武德五年(662年),曰慧聚寺,明正统间改为万寿寺。

《宸垣识略》载:"寺有戒坛,辽咸雍间,僧法均始开。明正统中,敕如幻律师说戒寺中,立坛焉。"

登狮子岩转十八盘山路,始到戒台寺。寺内戒台"以白石为之,凡三级,周遭皆列戒神"。汉白玉戒坛,分三级,高丈五,石雕戒神极生动精美。

大殿内另有三层木结构戒坛。寺内西北有佛阁,阁内墙上有佛龛无数,佛不足一尺。寺内有不少庭院。"阁前有古松四株,翠枝穿结,覆盖一院"。松名曰九龙、卧龙、自在,另有一株曰活动松,奇在香客牵动任何一枝,全树会如狂风掠过般摇摆。此松为戒台寺一宝,乾隆见过,即赋诗称颂,并御制活动松碑立于寺中。出殿而南,至波离殿。殿前有辽、金碑各一,皆刻波离尊者事迹。

寺后有五洞,曰太古、观音、化阳、庞涓、孙膑。洞皆塑其像供奉。西又五里,有一峰高秀,望如驼峰,叫极乐峰。去往西峰寺道中,山泉淙淙,泉水甚甘洌。

施闰章《宿西山戒坛》诗:

清境历悬磴，飞塔浮云端。
桂旗时上下，百灵集丹坛。
举首见宸翰，光怪生林峦。
入门二松石，匝地双龙盘。
攫拏广庭隘，戛拂青天寒。
谽谺有崖洞，迢递穿巉(chán)岏。
不知客行疲，但惜春风残。
移觞未敢酌，高望生清欢。
精庐坐山月，谁解栖长安？

仰山栖隐禅寺

——金章宗诗碑

　　仰山栖隐禅寺,俗称仰山寺。峰峦拱秀,中顶如莲花心。"金大定间建,命元冥顗公开山,赐田设会,度僧万人。泰和中,主事僧奏请万松老人住持"(《宸垣识略》)。

出寺不远，可到桃源村，昔人避兵乱而居，与陶潜桃花源相类。寺旁有五座秀丽山峰，曰独秀、翠微、紫盖、妙高、紫微。山中多禅刹。如八大处即在翠微山。

寺中有金章宗诗碑：

> 金色界中兜率景，碧莲花里梵王宫。
> 鹤惊清露三更月，虎啸疏林万壑风。

金代几位皇帝皆善诗词，海陵王完颜亮，诗风朴野雄鸷，有原生态之美，而章宗完颜璟典丽富艳，一派帝王气象。他在位时，大行文治，弘扬美文，民族矛盾缓和，经济有所发展，给北京留下了丰富的文化遗产。

寺庙园林八大处

北京八大处，位于西山风景区，是晚于门头沟潭柘寺的一座历史悠久、文物众多、风景秀丽的佛教寺庙园林。以三山、八刹、十二景闻名于世。所谓八刹，即八大处，依次是长安寺、灵光寺、三山庵、大悲寺、龙泉庵、香界寺、宝珠洞、证果寺。

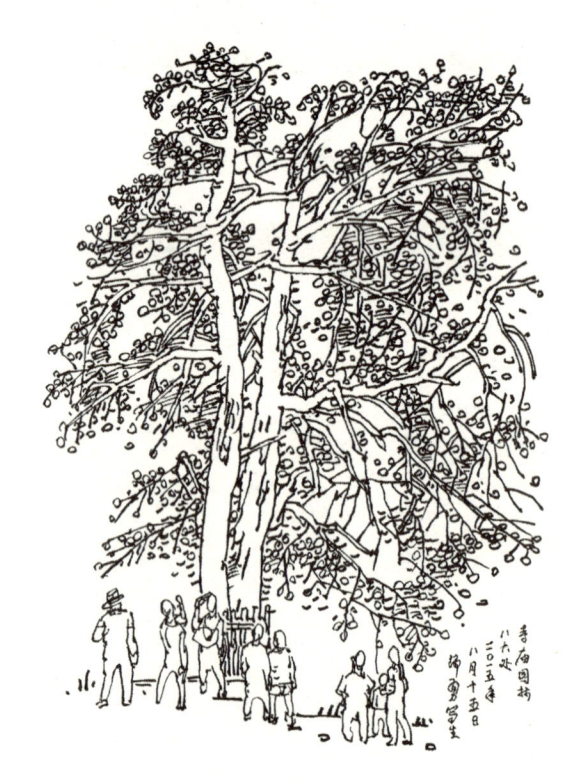

宝殿供羽帝

——一处长安寺

供奉关羽的长安寺，建于明弘治十七年（1504年），西倚翠微山，坐西面东，环以朱墙。为两进四合的建筑。明清时称奉礼关羽、张飞的寺庙，为"武庙"。赵翼《陔馀丛考》："万历二十二年（1594年），因道士张通元之请，进爵为帝，宙曰英烈……继又崇为武庙，与孔庙（文庙）并祀。"凡武庙，建筑多相同。殿内供关羽造像。殿后为大雄宝殿，再后为大士殿。中有轴线，左右布局严整对称。大士殿前有白皮古松二株，参天势雄，槎枒如龙。

佛祖灵牙舍利仙塔

——二处灵光寺

灵光寺,始建于唐大历元年(766年),是八大处最重要的一座寺院。辽时道宗咸雍七年(1071年),又在此建招仙塔,十层八面,又称"画像千佛塔",传说供奉佛牙舍利。金定都燕京后,大定二年(1162年)世宗敕重修,改名觉山寺。明成化十五年(1479年)更名灵光寺。1900年,义和团在这里设立一个坛口,常入城袭击八国联军。9月17日,八国联军突袭寺内义和团时,将灵光寺用炮轰毁。后经寺庙圣安和尚二十年募捐,于1919年重建。重建后,金鱼池中新建水心亭一座,池中放各种各色金鱼。有八间殿堂、敞轩之归来庵,另有韬光庵、八角放鹤亭等建于金鱼池北。放鹤亭边有石洞,内供佛像。北院松林中有三座白塔,系清代三位高僧圆寂之塔。后寺内僧人在清理被毁招仙塔旧基时,果然发现了供有佛祖释迦牟尼灵牙舍利的石函。1958年建佛牙舍利塔,塔中舍利阁内以纯金七宝塔供奉藏于石函中的佛祖灵牙一颗。舍利,指佛祖火化后的骨灰,包括佛骨、佛牙。灵光寺现存"大悲院"、"鱼池院"、"塔院"三处院落。

通理禅师参禅地

——三处三山庵

三山庵，地处翠微、平坡、卢师三山之间，故以三山名之。三山庵建于金天德三年（1151年）。清康乾间有高僧达天通理禅师曾在此参禅，名声大噪，香火极盛。山门殿有三间，大殿五间与山门相对，内供释迦牟尼塑像。

十六罗汉来印度

——四处大悲寺

大悲寺位于三山庵与龙泉庵之间，旧名隐寂寺。传为北宋辽金时所建。寺院坐西朝东，山门殿有石额"敕建大悲寺"，系康熙五十一年（1712年）御笔。整个寺院为三进四合。殿内正中供三世佛，两侧有"十八罗汉"雕像，颇具盛名。是元时大雕塑家刘銮（名元）于元成宗大德二年（1298年）所塑。据传说,佛教始祖释迦牟尼在世时,印度有16个盗贼,烧杀抢掠、罪恶累累,却无人敢于管教。佛祖出面,给其讲经说法,劝他们弃恶扬善,后十六人归顺佛门,长生不死,永存世间。传至中国,深受"九"为"天数"的汉文化影响,成为二九的倍数十八罗汉了。古印度十六罗汉,都有其名,于是也为添加的二罗汉取名。据《雍和宫掌故及传说》载,唐末就有张玄、贯休两僧,始画十八罗汉,苏轼还有诗赞之。

一泓清泉

——五处龙泉庵

龙泉庵又名龙王堂,位于大悲寺西北。建于明仁宗洪熙乙已年(1425年)。清顺治二年(1645年)。于龙泉庵发现一泉眼,凿地有甘甜泉水涌出,遂建一座龙王庙。

晓井霜寒响辘轳

——六处香界寺

香界寺,是八大处面积最大的寺庙,旧名平坡寺。"寺创于唐,时仁宗敕建,赐名圆通。清康熙十七年(1678年)修葺,赐名圣感,乾隆十四年(1749年)易今名。有圣祖暨今上御书额并御制碑"(《宸垣识略》)。寺依山取势,气势雄伟,是历代帝王游山驻跸之所。

成化中,明宪宗朱见深曾游此地。岭虽高而不觉其峻险。登上位于山巅的平坡寺,一目千里。

明姚广孝《题平坡寺》诗:

> 平坡杳杳挹西湖,径断樵行败叶铺。
> 泉落石河深愈急,云归沙树远疑无。
> 夜堂风静纾帷幔,晓井霜寒响辘轳。
> 那得余生辞世网,捲衣来此坐跏趺。

王士禛有《翠微寺》诗:

> 磵西翠微寺,迢迢翠微里。
> 苍茫采樵路,似有微钟起。
> 山风冷吃烟,斜日乱溪水。
> 纷纷飞鸟还,行人去何已。

若大蚌剖倚石壁

——七处宝珠洞

宝珠洞,因洞内有一"宝珠"而得名。建于乾隆四十六年(1780年)。《宸垣识略》载:"宝珠洞当山之翠微处,地稍坦迤,是曰平坡。入洞黝黑,昼不见人,旁出其上,见若大蚌剖而倚石壁者,始悟其中嵌空矣。有御制诗,勒石壁。"石洞宽广约丈二,其壁砾石如珍珠,黑白杂陈,晶莹闪烁。

吁嗟守憔悴

——八处证果寺

证果寺,是八大处最古老的寺院。循卢师山,诸寺鳞次,有清凉寺、证果寺、平坡(香界)寺。证果寺在秘魔崖,有池,视之不甚深,然侧入不可穷,池上有双柏。证果寺传为秘魔祖师所居,一说证果寺始建于唐天宝年间,一说建于隋仁寿年间,一说元泰定三年(1326年),均无可考。寺中有黄连木,树龄六百年,但远比不上寺边的古双柏古老。

查慎行有《秘魔崖古柏诗》:

连冈东北转,鬼物托幽秘。
瞰空飞一片,石缝舒右臂。
老鸦衔柏子,偶向骈母坠。
飞泉难仰流,长此挛拳翠。
相传阅千载,仅可二尺计。
勒龛诱佛力,此语吾所鄙。
猥蒙雨露恩,竟负栽培意。
儿童斤斧脱,大匠栋梁弃。
宁非干霄姿,吁嗟守憔悴!

古柏和黄连木,阅尽岁月沧桑,顽强生于石罅,是证果古诗的见证者。

山林泉涧有银山
——佛严寺 "南金北银"之说

银山塔林,位于昌平下庄乡海子村西南银山风景区。

据《北京名胜古迹辞典》载,"银山不仅以山林泉涧幽美著称",且"旧日为'燕京八景'之首"。考金章宗钦定"燕京八景"之首,当"居庸叠翠"。此系指昌平一带山峦,如大虎石、花果山、天清桥及三峰拥翠诸景。更因群塔林立,古树参天,为京师一风景妙境。银山由黑色花岗岩层叠而起,如铁山壁立,冬日山顶冰雪如银,人称"铁壁银山"。

银山自唐始,即有佛严寺,殿宇僧舍七十余间,为当时幽州最大寺院之一。据传,佛严寺是唐初大将尉迟恭建。尉迟恭,战功卓著,为李世民亲信,参与"玄武门之变",助李世民夺取皇位,历任圣州道行军总督、襄州都督等职,晚年杜门不出,怎来幽州修寺院?显然为讹传。

唐元和年间(806－820年)僧人邓隐峰曾在银山传经说法,故其讲法处名为说法台。高僧邓隐峰圆寂于此,众僧建塔纪念他,曰转腰塔。

辽时,银山信佛者更盛,佛严寺不得不扩建修葺。传说除佛严寺之外,建寺庙、凿井各七十二,其著名寺院曰老爷庙、松棚庵、铁壁寺等。此外附近兴寿村也建崇寿寺，桃林村筑法林寺，秦城村修龙泉寺，与佛严寺诸寺院构成银山寺院群落，蔚为壮观。

到金定鼎北京，银山诸寺院僧人达五百多人，金大定年间有碑刻记载。另外，因这里寺院林立，香火极旺，引来当时著名禅师佛觉、晦堂、虚静、圆通及懿行等到此讲经，他们学识渊博，佛法深妙，被朝廷封为国师，其声名远播，信徒众多。

高师及僧尼圆寂后，不断修建不同规格的灵塔。经数百年积累，墓塔已遍布银山。经风雨剥蚀，林立的墓塔如今仅剩辽金时的五座塔，元明时的十几座小塔。

懿行高僧圆寂后的墓塔，最为精美。其塔座高五尺，每边长近七尺，基座四周嵌青砖刻花，每面四个，转角有卷云雕刻、束腰由青砖叠砌。承托塔身之盘上为缠枝花纹。塔身高五丈，为仿木结构八角形砖砌。每面有砖刻仿木门窗，门券皆刻飞天。八隅为砖雕圆柱，顶为阑额普柏枋，八面旋施单抄四铺作斗拱一朵以承塔檐。檐为十三层，上用筒瓦、勾头滴水，各角置垂脊、垂兽及小兽，每层皆以叠涩手法向外展砌五层，以代檐椽，檐角系铜铎。塔檐向上逐层收减，形成卷刹。塔顶为宝月承珠塔刹。

五塔仅细节有异，大体相同。惟虚静禅九币塔存纪年碑铭。为金卫绍王大安元年（1209年）九月十三日塔成时立。

东晋时江苏镇江金山，曾建泽心寺，自唐通称金山寺，殿宇楼台，依山而建，向为国内佛教禅宗名寺，《白蛇传》中金山寺，即指此。据说唐时，幽州银山寺院与金山寺齐名，故有"南金北银"之说。但依银山寺院之规模、之雄丽，远不及金山寺，附会之说也。

云居寺

——石经、纸经、木经及"舌血真经"

云居寺,在房山,建于隋炀帝大业年间。

寺中有四座唐塔,均有明确纪年。四塔造型相类,但有两种塔形,单檐式和密檐式。塔身周围雕刻各种形态的佛像。唐开元十五年(727年)所建的一座石塔,塔内壁有一高鼻目深的浮雕像,与唐时人迥异。据推测为域外人形象。彼时,大唐国力强盛，信心十足地与外邦交往，文化经济交流频繁丰富，再加上朝廷任用外国人为官也并不罕见，故有外国人浮雕，很正常。

云居寺自唐以来，隋、辽、金、元、明六朝有十六代僧人在此说法刻经。一千多年的积累，留下了十五万多块石刻《大藏经》。最早刻经者，始于隋炀帝大业年间，幽州（隋唐时管辖北京、天津等地）智泉寺的僧人静琬。静琬依"诸法无常"之佛学教理，担心世上流行的抄印在纸、绢上的经文，不能传之久远或偶失于水火，于是决定将经文刻在坚固的石上。静琬和尚穷其一生成就着这一事业。

僧人静琬自杨广的大业元年（605年）到唐贞观初年，费时三十余年，刻《法华经》《涅槃经》《金刚经》《华严经》等于石板上。静琬圆寂后，其弟子玄导、僧仪、慧暹、玄法四代继承刻经事业。后因唐末五代战乱频仍，刻经有过中断，辽、金、元又转兴旺，至明末刻经终息。近千年的传承不止的刻经，共刻佛经一千余种，九百余部，三千卷，总计十五万块板。与石经藏于小西天九个藏经洞和塔下石穴中的还有唐以来的石刻题记六千多块。

被誉为"石经长城"的石刻《大藏经》，曾从寺内外地窟中挖出示人，但考虑石经在自然条件下多有破损难以保存后，又重新藏于石经山九个藏经洞和云居寺地穴之中。

云居寺还收藏明代的刻印本佛经和流传民间的手抄本佛经二万二千多卷，也流传至今。包括明南藏、明北藏及单刻部纸质佛经，其中《大方广佛华严经》尤值一提，此佛书为妙莲寺僧人祖慧割破舌尖，以血写成，被誉为"舌血真经"，弥足珍贵。

云居寺另收藏七万七千多块《龙藏》木经，该木经始刻于清雍正十一年（1733年）至乾隆三年（1738年）。《龙藏》木经，是佛教传至中国以来，集二千多年译著之大成，不仅是中国木经之最，还堪称世界仅有。目前，全世界仅存两部汉文大藏经。云居寺《龙藏》为其一，另一部是韩国海印寺的《高丽藏》。

云居寺收藏的石经、纸经、木经，震惊海内外，并称"云居三绝"。

云居寺有一千三百多年的历史,其地上文物还有唐、辽时代建的十多座砖塔和石塔,所藏佛祖释迦牟尼舍利尤为珍贵。

云居寺后有一小山,山上凿有一洞,为寺内高僧国师修炼的地方。半山腰,有九个藏经的山洞,珍藏着国宝级的石经。

03

|卷 三|

崇台临广陌

——宏仁万寿宫　左祀诸葛孔明，右奉文天祥

宏仁万寿宫，在城东南，盆儿胡同西。宏仁万寿寺在清中期"遗址仅存，无寸椽矣"《宸垣识略》。明时人称万寿东宫，何也？其西百余步尚存万寿西宫。

宏仁万寿宫，明万历四十三年（1616年）神宗朱翊敕建。进宫门，中为文昌殿，左祀诸葛孔明，封号曰天枢上相。右供奉文天祥。封号为天枢右将。后殿祀雷神，设礼斗台。宫后院修建十三楹高阁，名曰太极造运宝阁，以供昊天上帝，亦称玉皇阁。宏仁万寿宫建成，神宗朱翊撰文制碑。五年后朱翊死，宫也寥寂，颓毁后，文天祥、诸葛亮等塑像，俱移盆儿胡同玉皇庙内。

徐乾学有《玉皇阁》诗：

> 崇石临广陌，列馆俯平皋。
> 片水寒烟积，个峰秋霭高。
> 苑墙猎骑过，津树野鸦号。
> 落叶萦仙龟，残霞罥（juàn 挂）客袍。
> 苍然收块莽，静若远城壕。
> 旅鬓繁霜换，流年逝水滔。
> 得闲频载酒，乘兴即挥毫。

公子江蓠(lí,江藻)佩,佳人金错刀。

书鞶殊未已,蜡屐不言劳。

莫忘城南饮,今朝意气豪。

　　徐乾学,顾炎武外甥,康熙时进士,历任礼部侍郎、左都御史、刑部尚书,曾主持监修《明史》,《大清会典》《一统志》,喜藏书,留意经学,也善诗。著有《传是楼书目》《通志堂经解》《读礼通考》等书。

　　该诗以玉皇阁为题,凭吊怀古,不流于泛泛之作。咏的是梵刹,却着眼于世俗,将悲秋感兴,巧妙结合到诗的形象中去,于曲折处微露讽喻之意。最后一句的谄颂,乃不得已而为之。

喇嘛打鬼正月末

——雍和宫　北京三绝和木雕三绝

雍和宫，是京城规模最大、保存最为完好的藏传佛教黄教寺院，为清皇家八大神庙之一。在北新桥东北，东与柏林寺为邻，西对孔庙。明朝时这里称太保街，是明末太监的官舍。

清康熙三十三年（1694年），康熙在此建造府邸，赐四子雍亲王胤禛，时称雍亲王府。胤禛继位后，这里成为"潜龙邸"。雍正三年，改雍王府为行宫，称雍和宫，同时将府邸一半赐给喇嘛教黄教上院。后行宫那一半毁于大火，雍正又将上院一部分改为行宫。雍正"驾崩"之后的1744年，即乾隆九年，雍和宫改为喇嘛庙。从蒙古召来五百名喇嘛常住。由于胤禛死后，曾在此处停灵，在永佑殿立有他的画像、塑像，雍和宫也就成为清朝皇帝供奉先祖的影堂。故雍和宫将原绿色琉璃瓦改为皇家独用的黄色琉璃瓦。又因乾隆生于雍亲王府，此地出两位皇帝，雍和宫成了"龙潜福地"。雍和宫又围以红墙，与紫禁城同一规格。

雍和宫占地六万六千四百平方米，《宸垣识略》载："前为昭泰门，中为雍和门，内为天王殿，中为雍和宫。宫后为永佑殿，殿后为法轮殿。西为戒坛，后为万福阁，西为延宁阁，后为绥成殿。宫西后为关帝庙，前为观音殿。宫之东为书院，门三间。入门为平安居，后有堂，堂后为如意室。室后正中南向,为书院正室,世宗(雍正)御书额曰'太和斋'。斋之东,其南为画舫,南向,正室曰五福堂。斋之西为海棠院。北有长房,更后延楼一所,西为斗坛,坛东为佛楼,楼前有平台,东为佛堂。"雍和宫建筑群,大略如此。乾隆后又有所变化,但其主要建筑天王殿、雍和宫、法轮殿、万福阁、万福楼和绥成殿等依旧。

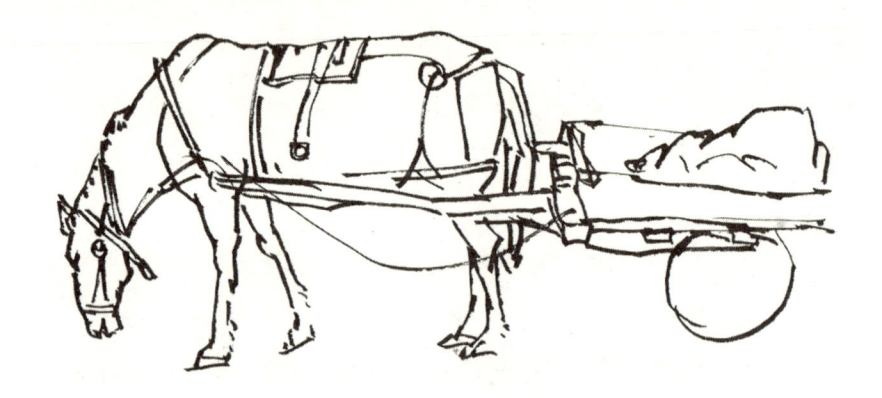

天王殿,供奉大肚弥勒佛,是雍王府正门,悬有乾隆题匾"雍和门"。殿前有二青铜狮,栩栩如生。殿内正中设金漆雕龙宝座,袒胸露肚、笑容可掬之弥勒佛坐其上。其后是戴盔披甲、脚踩祥云的护法天神韦驮,弥勒佛左右各有一座三米多高的圆形紫檀木塔,塔分九层,层间置十厘米之长寿佛和白度母佛,计二百七十四尊。大殿东西两侧,有泥金彩塑四大天王威严而立。

雍和宫大殿,是雍和宫之主殿,供奉三世佛像。中为现在佛释迦牟尼佛祖;左侧为过去佛燃灯佛;右侧是未来佛弥勒佛。释迦佛祖前左立迦叶,右立阿难,殿两侧有十八罗汉。殿内之观音菩萨、白度母、弥勒佛、长寿佛、佛祖化身的"大白伞盖",以雕像、画像、壁画等形式表现出佛学内容的博大、丰富。

法轮殿,供奉宗喀巴铜像,是喇嘛诵经和举办法事活动的主要场所。该殿平面呈十字形,系雍和宫最大的殿之一。殿顶设有结构奇特的五座藏式镏金宝塔,具有汉藏建筑艺术融合的特色。

宗喀巴铜像北,有"紫檀木五百罗汉山"。高约十尺,宽约十一尺。以金银等五种金属制成的五百罗汉,表现佛教故事内容丰富,意境深远。罗汉高十厘米,雕工精细,形态生动,活动于山间云头,意态安详,为雍和宫木雕三绝之一。另二绝为照佛楼所雕九十九条云龙、金丝楠木佛龛及万福阁旃檀巨佛。

殿内还置一鱼龙变化盆,金丝楠木所雕。表现鱼龙游于波峰浪谷间,极为生动。据说,乾隆在此院出生第二天,用此盆澡,故有"洗三盆"之说。

万福阁,为雍和宫最后一进的大殿,也是最高最宏伟的一座殿堂。中间主楼为三层,左为延绥阁,右是永康阁,均为二层建筑,有飞廊与主楼相连,三楼阁,错落有致,浑然一体,饰以飞金彩绘,覆黄琉璃殿脊,极为雄浑壮美。因殿内墙上供小佛万尊,得"万佛楼"与"万福阁"之称谓。而最为壮观的,乃是一整根旃檀木雕刻而成的弥勒佛巨像,兀立万福阁殿中。高近八丈(地上五丈余,地下二丈余),直径二丈余。此巨檀,产自西藏,是西藏七世达赖为建雍和宫而贡。凡三载运抵北京。经西藏察罕活佛设计,拆除法轮殿后之观音寺,由养心殿造办处的工匠精心制作,终有弥勒巨佛傲然矗立。此木雕之佛,为世界木雕之最,雍和宫木雕三绝之一也。

天王殿后御道上有一铜鼎,与北海九龙壁、团城大玉瓮堪称"北京三绝",闻名于世。鼎高丈二,鳝青色,上有火焰口六,并饰二龙戏珠图案,与底座三狮戏球图像相互映衬,工艺精湛,具有极高艺术价值。

铜鼎北侧,有四面开门之重檐方亭,称御碑亭,为乾隆五十七年(1792年)建。亭有方形巨碑,碑文刻有乾隆用汉、满、蒙、藏四种文字写的《喇嘛说》。全文共六百七十八字。乃说喇嘛教由来、发展始末,以宣扬皇室的怀柔政策。

亭北,另有一青铜所铸须弥山,以雕刻精美的汉白玉石座陈放。

青铜白石，相得益彰。青铜铸须弥山，原是明朝万历年间司理监的掌印太监冯保献给神宗朱翊钧的宝物。

雍和宫每年正月三十的喇嘛打鬼活动，是该宫独有的宗教活动，香客云集，甚为壮观。

古木寒云锁石龛

——大德显灵宫　元文宗从东海获灵官藤像

大德显灵宫，在西四兵马司胡同四眼井，胡同口曾有石额。明永乐时建，成化中更拓之。至清时，距宫半里许，石额犹存。

明"嘉庆中复建昊极通明殿，东辅萨君殿曰昭德，西弼王帅殿曰保真。又营龙虎殿，以奉真武。西殿有柏，为雷所劈，委地如屏"（《宸垣识略》）。宫中又有六棵古松，虬枝屈曲，与委地如屏之柏，相映成趣。

按道家之言，崇恩真君姓萨，名守坚，西蜀人。在徽宗宋时，曾从虚靖天师张继先及林灵素传学道法。而隆恩真君者玉枢火府天将王灵官，曾从萨守坚传授符法。

据传明永乐间，杭州道士周思得以灵官之法显于京师，附体降神，祷之有应，颇为灵验，于是在紫禁城之西，建天将庙及祖师殿。明宣宗宣德时，改为火德观，封萨真人为崇恩真君，王灵官为隆恩真君。清吴长元说："道书：王灵官名常，汉时西蜀人，从天师张陵学道于鸣鹄山者。"又建一殿供奉萨、王二真君。左曰崇恩殿，右曰隆恩殿。明宪宗成化初，又改观为宫，加显灵二字。

每年万寿节（皇帝生日）、正旦（正月初一）、冬至及萨、王二真君示现日，朝廷皆遣官致祭，崇奉可谓至矣。传说，元代文皇在东海获灵官藤像，日夜礼拜，如与宾客晤谈。每次出征，必戴藤像。一次征战到金川河,藤像无法抬动,文宗图帖睦尔问何故,回曰:"上帝有界,止此矣!"

明冯琦《登显灵宫阁》诗:

> 极目长空雁影南,十峰当槛落晴岚。
> 清秋斜日窥金像,古木寒云锁石龛。
> 地迥楼台三岛接,天低烟树万家含。
> 虚疑缥缈缑山顶,时有箫声驻鹤骖。

大德显灵宫,明朝时,因皇家重视盛极于京都。从当时登过大德显灵宫的冯琦诗中,我们依稀可见该宫"地迥楼台三岛接"的恢宏气势和古木寒云、烟树缥缈的肃穆气象。

宫庙,因古人精神生活的需要而产生,统治阶级为巩固政权而利用。北宋史学家司马光在《文潞公家庙碑》一文中说:"先王之制,自天子至于官师皆有庙","尊君卑臣,于是天子之外,无敢营宗庙者"。但宫庙在不断演进中,注入了宗庙神灵之外的文化内涵,成了一种文化的载体。

洪恩灵济宫

——明首辅徐阶到此讲学,听众五千

洪恩灵济宫,在皇城西,明永乐年造,祭祀五代时徐知证及其弟知谔。乾隆时已废。当地人称灵清宫。

相传,"男子曾甲,世居闽县金鳌峰下灌园。园中有破庙,其神常栖箕(占卦),自称兄弟二人,南唐徐知诰之弟知证、知谔也。晋开运二年(266年)率师入闽,秋毫无犯,'闽人祀我于此,自是书符疗病,验若影响'"。

明永乐间,成祖朱棣北征不豫,召曾甲入侍,占卦灵验,遂封知证"清微洞元真人",知谔"弘靖高明真人",立庙于皇城之西南;后又加封为洪恩真君,又封号金阙、玉阙上帝。其父、母、妻并封帝、后、元君。

成化间,在灵济宫前开设西厂。西厂,官署名。明宪宗朱见深为加强特务组织,于成化十三年(1477年)在东厂以外设西厂,用太监汪直提督。其权力、人员超过东厂。后被迫撤销。

"嘉靖癸丑甲寅,大学士徐阶等于灵济宫讲学,缙绅扳附,学徒至千人"(《宸垣识略》)。

徐阶,明嘉靖进士,授翰林院编修。时严嵩擅权,其令御史邹应龙弹劾严嵩,徐阶遂为首辅,执政后,力革弊政,宽政轻刑。后又被高拱所劾,辞官还乡,其博学工文,著有《经世堂集》等。徐阶来灵济宫讲学时，正是大权在握、春风得意之时，故众官捧场，听者达五千人。这等重要活动安排在灵济宫，足见灵济宫在当时是极为重要的寺院。

马上城中见雪山

——朝天宫 明大朝会前百官习仪之所

朝天宫，在阜成门内，元朝的天师府。

天师，有道术之人。《庄子·徐无鬼》载，黄帝称襄城童子为天师。东汉道教初期"传道者"之称。天师道（即五斗米道）首创者张道陵自称天荒地老师，后尊其为"正一天师"。朝天宫即供奉张道陵的道观。《宸垣识略》载，明嘉靖间，斋醮无虚日，其崇奉与大高玄殿等。足见朝天宫香火极盛。明时，凡大朝会,百官先要到庙观,演练仪式二日。国初,在庆寿寺,或在灵济宫。到了宣德间,修葺扩建朝天宫,自此到朝天宫习仪,始为定制。天启六年(1626年),宫内十三个大殿齐被大火焚毁。

到清乾隆时,曾经风光无限的朝天宫,仅存宫门、东廊之颓垣残壁,周围数里,或荒草萋萋,或已成民居。西廊下尚有关帝庙。

明李梦阳《朝天宫》诗为证:

> 马上城中见雪山,白云苍树满烟关。
> 蓬莱咫尺无人到,松柏黄昏有鹤还。
> 当日翠华游物外,百年金殿锁人间。
> 浮尘扰扰江湖远,怅望岩栖不可攀。

李梦阳,弘治进士,授户部主事,因起草文稿,反对宦官刘瑾,被关入狱。刘瑾死后,任江西提学副史,后又被夺职归家。主张"文必秦汉,诗必盛唐",反对当时华靡卑弱的文风。但因一味尊古,诗文僵直。有《空同集》存世。

从此诗可见,朝天宫已远不如往昔隆盛,但黄昏鹤还,白云苍树,倒是一处清幽的所在。于洗练的笔墨勾勒出的景观中,有怀才不遇的感慨和牢骚。第一句"马上城中见雪山",骑在马上,抬望眼,即可见古城背后有苍茫雪山,意境阔大悠远。

入门走长松

——元福宫 奇松、铜骡

元福宫,在摩诃庵西,明正德五年(1510年)建。

元福宫有两奇:一为宫中有四株苍松,最古奇,清查慎行有《元福宫》诗,专写奇松,松高而苍郁,有垂枝如掉尾龙,明武宗朱厚照所植:

> 出屋闻远籁,入门走长松。
> 粘天百顷涛,下有掉尾龙。
> 长养纪何朝?云自明武宗。
> 迴鞭促斜照,紫翠凝西峰。

另一奇,"后殿三清六真像,皆范铜为之。配殿文昌与来侍童子,亦铜像。旁铸一骡,铜质光润,绝似宣德鎏金薰炉色。有崇祯间中书袁志学碑"(《宸垣识略》)。三清,道教所尊三位神,即玉清元始天尊,上清灵宝道君,太清太上老君。六真,指道教六位真人。寺庙庵宫置骡塑者,鲜有,置铜骡者,且似宣德宝炉色,尤闻所未闻,存疑。袁志学碑,亦无考。

宋荦《自慈寿寺过元福宫》诗:

香盈碧莲花

邻寺看碑入,仙居载酒行。
荒凉前代迹,凭吊此时情。
塔院饥鼯窜,丹房野蕨生。
松明留小憩,格磔(zhé 分裂肢体酷刑)暮禽鸣。

崇真宫阙禁城东

——崇真万寿宫

据《宸垣识略》载,崇真万寿宫在崇文门草厂眉掠胡同。元代至元中忽必烈建造。当时,真人张留孙、吴全节相继在此宫居住,俗名天师庵。

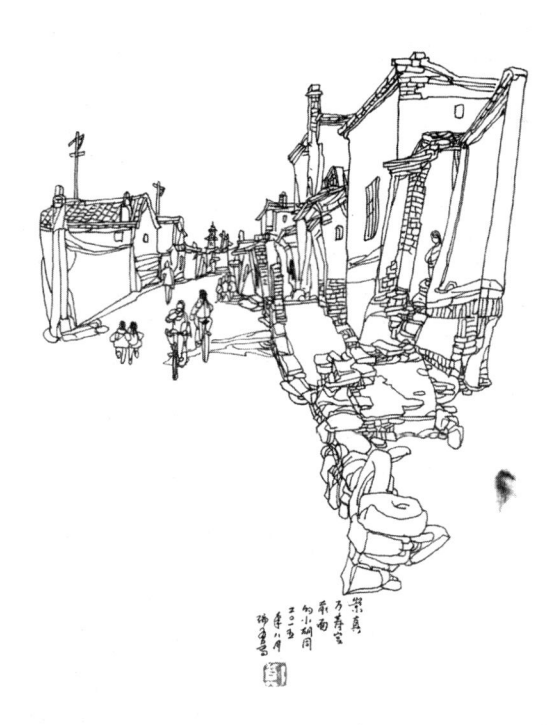

张留孙，信州贵溪人，曾入龙虎山为道士。传说，有相者，见其相曰"子神仙宰相也"。至元年间（约1231年）从天师入京，忽必烈诏见张留孙，与之谈话之后，留侍阙下，特为他建崇真宫居之。常请他主持宫庭嘉礼仪节。有时有仙鹤从天而降，且歌且舞，视为祥瑞之兆，故号称天师。

崇真万寿宫内，每自春始，有五色烂熳之蔷薇盛开，为当时一景。传为真人吴全节闲时手植。

明曾棨有诗写崇真万寿宫：

> 崇真宫阙禁城东，旧说真人住此中。
> 凤去缑山虚夜月，鹤归华表怨秋风。
> 飞花入户丹房静，古木垂萝碧殿空。
> 一笑忽逢勾漏令，将因暇日问参同。

此诗写了昔日传说中的仙鹤和飞花，也流露出对岁月沧桑、世事变化的慨叹、感伤与无奈。

十丈红尘过雨清

——太平宫

东便门内大桥南,有太平宫,原为羽士居所。太平宫俗称蟠桃宫,是明时寺庙。宫内有清康熙元年(1662年)工部尚书吴达礼重建后殿碑。当时虽为明时所建,尚保存不错,是当地重要庙市之地。每年三月初一、初二、初三日有庙市,为市人购物、看杂戏、游艺、小吃之所。

查昌业《上巳沿通惠河至太平宫观庙市》诗,记载了太平宫庙市的盛况:

十丈红尘过雨清,惠河添涨绕重城。
瑶池香渺春云黯,阆苑花鲜晓日明。
正是兰亭修禊(xì 去除不祥的祭祀)节,好看曲水丽人行。
金梁风景真如画,不枉元宫号太平。

农历三月,正是北京仲春时节,春雨洒过,天晴气清,雨水让通惠河丰沛起来,两岸亭台楼阁被花树簇拥,在如画的风景里,逛庙市者摩肩接踵,其间不乏美人婀娜而行,真是一派太平祥和的景观啊。

诗人以凝练的语言艺术,营造了春日人们赴庙会的情景,以简约的文字感染读者,并引起读者丰富的联想。其实,诗人在写庙市外,以一句"不枉元宫号太平",道破他的崇道重佛的宗教情绪。

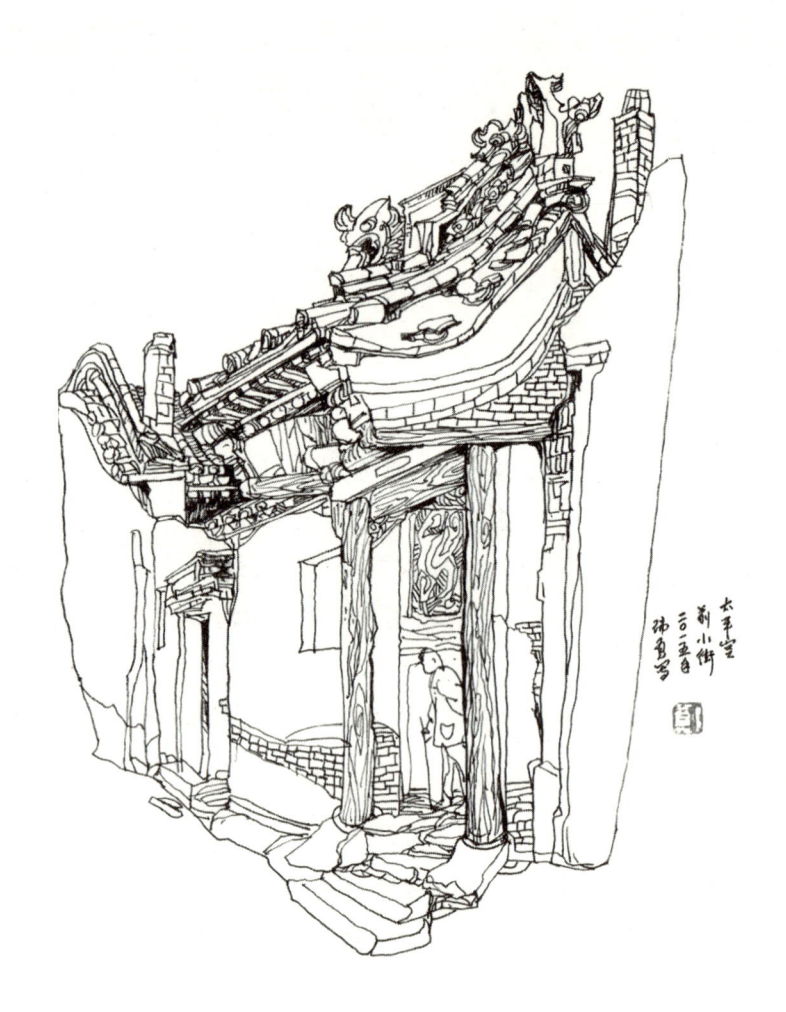

04
|卷 四|

历代帝王庙

——乾隆臧否历代帝王

历代帝王庙，在阜城门内大街。明嘉靖九年（1530年），以保安寺故址建，祀历代一百六十四位帝王暨历代从祀七十九位名臣。

明洪武六年（1373年）朱元璋建历代帝王庙于金陵（南京），嘉靖初始于北京立庙，祀三皇、五帝、三王、汉高祖、光武、唐太宗、宋太祖、元世祖。嘉靖二十四年（1545年）撤去元世祖。

清朝初，增祀元世祖、明太祖。康熙六十一年（1722年）谕旨，凡帝王曾在位者，除无道被弑亡国之主，此外尽应入庙。时廷臣议增历代继位之君，定辽、金二朝入庙。而蜀汉、东西晋、元魏、后五代，皆以偏安而不入庙。乾隆二十九年（1764年）修葺正殿，易灰瓦为黄瓦，皇帝亲诣行礼，也有御制诗文。四十一年（1776年）乾隆以会典所载，未能仰体圣祖谕旨，所增未协，乃命廷臣复议，于是昭烈、晋元、魏道武、太武、周世宗，皆入祀典。对明代，以亡国之由黜神宗（朱翊钧）、熹宗（朱由校）二君，而崇祯以身殉社稷，特令庙祀。

乾隆对历代帝王褒贬予夺，准确无误，被世人称"千古之大公"。乾隆每亲祀皆有碑记，勒石置于墀下。

明时，"帝王庙殿名景德崇圣之殿。东西两庑，祀从祀名臣。前为景德门，又前为庙街门，东西二坊曰景德。立下马牌通衢，亦名景德街"（《宸垣识略》）。

历代帝王庙山门雄伟,丹墙四围,殿宇恢宏,气度非凡。坐落在四合院群间,格外醒目。辛亥革命后,祭祀废止,改为学校,经近五百年历史,已有颓败之象。二十一世纪伊始,政府拨三亿巨资搬走学校,重新修葺,焕然一新。

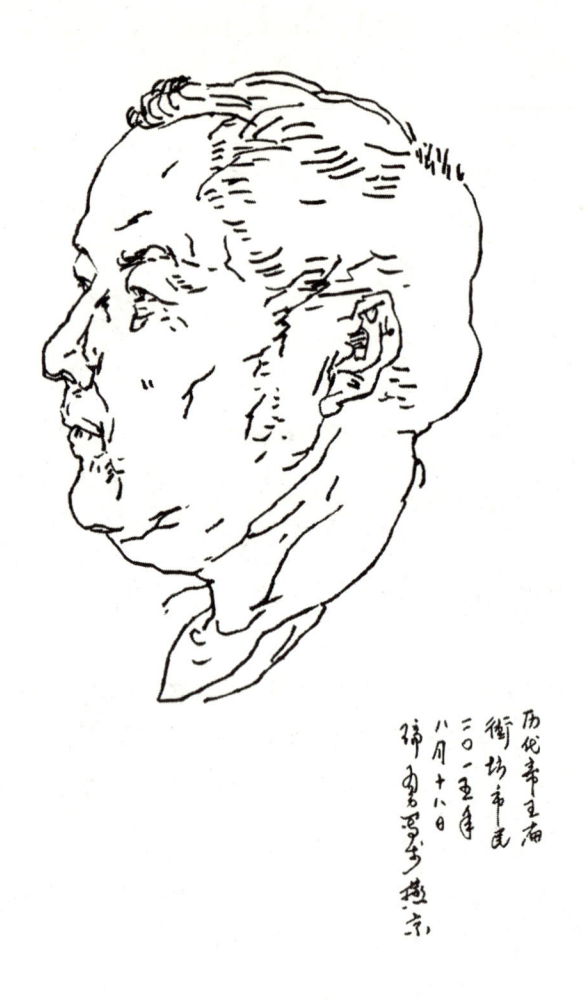

阿哥尼后孰知名

——东岳庙　刘元塑诸神像

东岳庙位于朝阳门外大街,始建于元代延祐六年(1319年),其历史悠久,气势壮观,规模宏大,是道教正一派在华北地区最大的宫观。因历代均指派庙户尽力守护,故保存极为完好。

东岳庙主祀泰山神东岳大帝。古以为泰山乃诸山所崇,故称"岱宗"。《书·舜典》说舜巡守到泰山,《史记·五帝本纪》说黄帝曾登泰山。山东泰安最早于汉代建岱庙,祀泰山神。后祀泰山神之庙,遍于南北。《诗·大雅·崧高》:"崧高维岳。"毛传:"岳,四岳也。东岳岱(泰山);南岳衡(衡山);西岳华(华山);北岳恒(恒山)。"故祭祀泰山神之庙,也多称东岳庙。

东岳庙山门外南三十丈有座建于明朝的绿琉璃牌坊,甚壮观。其三门七顶;高约三丈,南面刻有"秩祀岱宗",北面镌"永延帝祚"。八个字有祭祀泰山神、皇位永固之意。据传为明朝宰相严嵩墨宝。

东岳庙坐北朝南,占地六万平米,殿舍三百七十六间。居中轴之岱宗宝殿,朱墙碧瓦,堂皇富丽,为东岳庙最主要建筑,殿内供奉东岳大帝及帝后。庙内共奉神像三千余尊,清乾隆时,吴长元见诸神形神兼备,栩栩如生,断定为大雕塑家刘元作品。故后人有"东岳庙神像甲天下"之说。有记载说,东岳庙墀碑三道:其一张(本)天师神道碑,赵孟頫(元代书法家)书;其二为仁圣宫碑,虞文靖集隶书;其三为昭德碑,赵世延书。证明宗教与文化已多有融合。

关于元代刘元为东岳庙雕塑神像之事,有不少文字记载,《宸垣识略》载:"大都南城长春宫都提点冯道颐始作东岳庙于宫之东,谋于其徒,曰,不得刘正奉(刘元官名)名手,无以称吾祠。且正奉尝从我徒游,将无靳(吝惜)乎?即诣正奉言之。正奉以前敕未之许也。是时庙未成,民间以灵异祸福相恐动,事未甚显灼。冯去后,正奉果恍惚若有所感者,病不知人者二日。或为之祷,乃起,谓门人子孙曰:速为我御,我且之东岳庙。至庙,疾良已。会立庙奏御,正奉祝曰,愿亲造仁圣帝像。既而疾大安,又进秩二品,盖喜曰,是神之赐也。因又造炳灵公司命君像,而佐侍诸神有弗当其意,悉更之,盖几有神助者。仰瞻仁圣帝,巍巍乎帝王当度矣,余皆称其神之所以名者。初,正奉欲造侍臣像,心计久之,未措手也。适阅秘书图画,见魏征唐像,乃矍然曰:非若此,莫称为相臣者。遽走庙中为之,即日成。正殿仁圣帝两侍女、两中侍、四丞相、两介士,其西炳灵公两侍女,西仪臣,其东司命君两道士、两仙官、两武士、两将军,皆出正奉之手,善观者知非他之工所能杂其间也。长春之白云观,金人汾王先生十一曜,奇妙为世所称道,今遂配之,略不可优劣。又上都三皇像尤古粹,选意得三圣人之微,亦正奉之所造也。"关于刘正奉雕塑神像之神奇功力,《观学古录》、《辍耕录》均有记载。

刘元,元代大雕塑家,河北宝坻人,官至昭文馆大学士、正奉大夫等。初为道士,从祀道家学艺,后又从波罗国(今尼泊尔)的阿尔尼格学习佛像雕塑。元至元年间(1264－1320年)曾为京城许多著名寺庙塑铸佛像,如《宸垣识略》所载,其造神像神气生动,为当时少见。

见过刘元所塑神像的清人查慎行对刘元极其推崇,特以诗歌之:

> 阿哥尼(阿尔尼格)后孰知名?
> 活脱争传正奉精。
> 昔日黄冠(道人所戴之帽)今紫绶,
> 莫将抟换等闲轻。

劳宗茂也有《谒东岳行宫》诗:

> 绛阙东郊近,神功仰大生。
> 祀隆三代典,化洽万方平。
> 肃肃冠裳侍,森森羽卫萦。
> 缅思刘正奉,妙手发精诚。

"永济群生"阿哥尼

——先医庙 尼泊尔工匠修复古针灸铜像

先医庙,元时建在太医院署内。在堂左,南向。

先医庙供三皇圣像,又曰三皇庙。左右庑列勾芒、风后至王冰等历代医学家各配位。庙外向北为药王庙,有铜人像,明英宗时铸,每春秋上甲日祀之。铜人像,即针灸模型。参照中医经络学说,在铜人上标示常用的针灸穴位,供教学者示范。常给铜人穿上衣服,以试针灸手法之生巧。

先医庙内有《针灸经》石刻,元元贞初制,其碑之题篆,为宋仁宗赵祯御书,至元间自汴(开封)移此。清存为明时重摹上石。

据传,古铜人,虚中注水,关窍毕达,古色苍碧,莹润射目,系从海中涌出,纯属讹传。

《宸垣识略》载:"元中统(忽必烈年号)中,尼波罗国(尼泊尔)人阿尔尼格从帝师入见。帝问:何所能?对曰:臣以心为师,颇知画塑铸金之艺。帝命取明堂针灸铜像以示之曰:此安抚王楫使宋时所进,岁久缺坏,无能修完者,汝能新之乎?对曰,请试之。至元二年(1265年)新像成,关鬲脉络皆备,金工叹其天巧,莫不愧服。"

阿尔尼格,尼泊尔工艺、建筑、雕塑家,元时应忽必烈之请,曾到西藏营建黄金塔。后入大都,官司光禄大夫、大司徒等。主持建造大批佛寺、佛塔、道宫等,尤擅长画塑及铸金造像。对后来佛教雕塑有较大影响。

清康熙御书"永济群生"额,悬于先医庙。

清时,太医除针灸外另有十三科,循元医学旧制。元时太医院每三年一试,期以八月,中选者,来春二月赴大都省试。其法考校医经、辨验药味,合试。经书则《素问》《难经》《圣济录》《本草》《千金翼方》。元重视医考,故名医特多。到明清时考试医士,不过写篇论,背歌诀一道而已,人多不以为意。后人唐文恪叹京师无良医也。

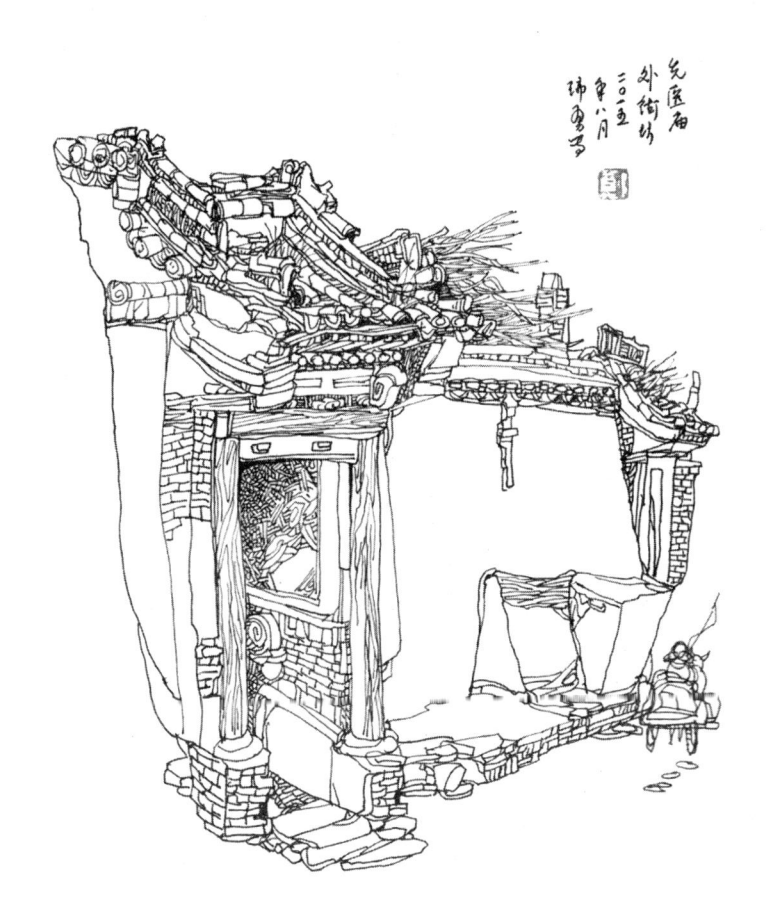

多病所需惟药物

——东西南北药王庙

药王庙,祭祀神农氏之庙。唐孙思邈《千金食治》云:"昔日神农遍尝百草,以辨五苦六辛之味。"故称其为药王而祭之。

药王庙,遍布南北。昔日北京东西南北皆有药王庙。据《帝京岁时纪胜》载,燕京最有名的药王庙,"一在东直门内,曰东药王庙;一在地安门外西步量(粮之误)桥,曰西药王庙;一在安定门西,曰北药王庙;一在天坛之北,曰南药王庙"。东药王庙在东直门内街北,曰福世药王庙,明万历有御制碑;西药王庙在地安门海子之西,东濒海子,万柳沿堤,夏日多载酒游泳其海。东有西步粮桥,庙为明魏忠贤建,其碑已被砸;北药王庙在旧鼓楼大街北,明嘉靖中建,有清顺治间大学士洪承畴两碑;南药王庙,在天坛北,明武清侯李诚铭建。左墀碑文,恭顺侯吴惟英书。清康熙重修,有詹事沈荃碑。四药王庙,现皆存。以南药王庙规模最大,建筑最精美。

南药王庙,位于崇文门外,东晓市街,今北京第十一中学校内。建于明天启年间。该庙分东西两部分。药王庙同其他寺庙格局相同,有山门、钟鼓楼、进殿三重,东西有配殿。庙山门额赐有"敕封药王庙"五字。

进山门,即药王殿,面宽三间,进深两丈,殿内供奉伏羲、神农、黄帝、孙思邈并药王韦兹藏泥塑像。两侧分立十大名医塑像。据《帝京景物略》载，他们是"三皇时之岐伯、雷公，秦之扁鹊，汉之淳于意、张仲景，魏之华佗，晋之王叔和、皇甫谧、葛洪，唐之李景和"。

杜甫《江村》有"多病所需惟药物，微躯此外更何求"句，足见药对生命的重要，民敬药神，天经地义。

石桥深树里

——火神庙　此火神庙非比邻火德真君庙

火神庙,祭祀火神之庙。火促进人类发展,自远古人便崇拜火,奉火为神。南北朝时,流行于伊朗的礼拜圣火的琐罗亚斯德教,传入中国,名为火教,有祭火活动。又因中国古代多木建筑,常毁于火,人们对火格外敬畏,筑庙祭祀,祈求平安,于是火神庙遍布城乡。

自建幽州以来,火神庙颇多,据《北平庙宇通检》载,民国初北京尚存琉璃厂火神庙、花市火神庙、地安门桥上火神庙等十七座。

《宸垣识略》载,"火神庙在地安桥北,庙后濒湖,有楼可以瞻眺"。另一"火神庙在花儿市,明隆庆二年(1568年)建,为神木厂悟元观下院,有万历间右通政李琦碑……每月逢四日,自庙前至西口开市"。再有"火神庙在李纱帽胡同,康熙年建,明留守卫地"。还有"火神庙在白马坑西,明宣德四年(1429年)建,元火焰营旧址也"……

明万历间,国子监博士袁中道与其兄宗道、宏道并称公安派"三袁",反对诗文摹拟抄袭,提倡真实自然。袁中道与诗友来地安桥北火神庙,临湖把酒,吟唱《火神庙小饮看水》诗:

　　　　作客寻春易,游燕遇水难。
　　　　柳花浓没地,鸥貌静随湍。

歌舞几成醉，尘沙不入澜。

石桥深树里，谁信在长安？

不无讽刺的是，就在诗人袁中道离开火神庙不久，一场大火竟"拜访"了火神，火神之庙化为灰烬。

有不少人将地安桥北这座火神庙与万宁桥北的火德真君庙混为一谈。前者祭火神，后者祀真武大帝，风马牛不相及也。

火德时为帝

——火德真君庙 鱼蛇抱像

火德真君庙,在后门桥西北侧,与西药王庙隔街相对。

《宸垣识略》载:"唐贞观中创址,元至正六年(1346年)重修,明万历间改增碧瓦重阁。天启中命太常寺官以六月二十二日祀火德之神,著为令。"又有记载称,"这座庙始建于元朝至元六年(1269年)"。

火德真君庙供奉真武大帝,非奉火神之庙。真武,即玄武。中国古代神话中的北方之神,也为道教所奉之神。相传古净乐国王的太子,生而凶猛。越东海,遇天神授以宝剑,入武当修炼,经四十二年而功成,白日飞升,威镇北方,号玄武君。据《云麓漫钞》载,大中祥符(1008-1016年)间因避讳,始改玄武为真武。宋真宗时,尊为"镇天真武灵应祐圣帝君",简称"真武帝君"。

有人云,真武帝君,为象征天地精灵的龟蛇抱像。传说元世祖忽必烈营造大都时,有鱼蛇出现,世祖甚喜,以为天有吉相,下令在西海子(今北海一带)边造真武庙。香火鼎盛。

清乾隆间重修,门及后阁改为黄瓦。后有关帝殿、玉皇阁、斗母阁,皆御制匾联。后有水亭,可观北海。现存庙为火神庙,近年翻建。

明黄元功《集李炼师水竹轩》诗记火德庙:

地静烟云满，开轩水上栖。
泥封丹灶湿，竹护药苗齐。
火德时为帝，冰心日有蹊。
冯虚千古梦，能为指阶梯。

香盈碧莲花 XIANG YING BI LIAN HUA 卷四

灶神上天也告状

——灶君庙 祭掌管人间祸福之神

灶君庙,在崇文门外花市。

据《宸垣识略》载,灶君庙"明建无碑可考。有古柏一"。清"康熙年间重建,有国子监祭酒孙岳、翰林院编修冯云骕二碑。门外有铁狮子二,康熙初年铸。每年八月初一、初二、初三日庙市"。

又据《北京名胜古迹辞典》记载,"现在庙内的建筑多经改建,成为东花市小学的校舍。仅存原庙门前一对铁狮子"。

灶君庙门外一对铁狮子,均高约三尺,长约一尺余。雄狮在左,雌狮居右,呈半蹲状。雄狮右前爪下踩一绣球,雌狮左前爪抚一幼狮,二狮"相向对顾,风姿雄健"。

灶君,亦称灶神或灶王。中国旧时家家奉君于灶头,认为灶君掌管一家祸福。《礼记·礼器》孔颖达疏:"颛顼氏有子曰黎,为祝融,祀以为灶神。"《庄子》说"灶有髻",司马彪注"髻,灶神着赤衣,状如美女。"又有说,"月晦之夜,灶神亦上天白人罪状"。旧俗夏历腊月二十三或二十四日用纸马饴糖(北方称糖瓜)送灶神上天,谓之送灶,除夕又迎回来,谓之迎灶。

有些文章在谈灶神时,多谈火、灶改变人类饮食习惯,刀耕火种促进社会发展。殊不知,民以食为天,有灶即有食,便可生存，祀灶神乃民间庶民热衷，饱食终日的上流社会似不屑，鲜见入诗者。

灶君庙
二〇一五年八月
骄阳
步行
赴京
芹记

残碑落日倚颓墙

——汉寿亭侯庙 祀汉寿亭侯关羽

汉寿亭侯庙,在地安门西,面皇城,明洪武年建。

汉寿亭侯,即三国蜀汉大将关羽,字云长。东汉末年亡命涿郡,随刘备起兵。建安元年(200年),刘备为曹操所败。关羽被俘后,极受礼遇,封汉寿亭侯。后仍归刘备,建安十九年(218年),镇守荆州。五年后围攻曹军,大破于禁所领七军,但因后背空虚,被孙权袭取荆州,关羽兵败被杀。后关羽被渲染神化,尊为"关公"、"关帝"、"关圣"。汉寿亭侯庙,即祭祀关羽之庙。

汉寿亭侯庙,又称白马庙。昔慕容氏《都燕罗城》记,因有关羽坐骑白马前导,故曰白马寺。又庙碑载,明英宗梦见关帝乘白马,故名。

据载,明英宗北狩时,拜关圣,神显灵,助英宗,特刻碑记之。徐乾学《白马关庙》也记此事:

当年北狩事苍皇,白马金鞭护毅皇。

说与祠官修岁祀,残碑落日倚颓墙。

当年白马金鞭,何等威武。到头来,只剩残碑颓墙在残阳中诉说兴衰,其景凋败,其情也苍凉。好诗最是能撩拨读者思古抚今的幽情。

徐乾学还写有《祈雨白马关庙》诗:

几回圭玉告虔过,炎景隆隆奈若何!
彤毂日翻烧广野,赤珠云散压高柯。
圣人有道终须格,臣职无功愧已多。
安得泰山肤寸起,滂沱满眼水层波。

元果罗洛纳新《白马庙》诗:

祠宇当城角,霜蹄刻画真。
房星何日堕,骏骨自能神。
曾蹴阴山雪,思清瀚海尘。
长疑化龙去,腾踏上云津。

清顺治九年(1653年)敕封关羽为"忠义神武关圣大帝"。雍正三年(1664年),追封其曾祖父三代公爵,高规格供奉于后殿。两年后,修葺,雍正御书"忠贯天人"额。乾隆四十六年(1781年)加封"忠义神武灵祐关圣大帝",改谥"忠义",门殿皆易黄瓦。每岁春秋二仲及五月十三日,遣官致祭。

祭祀关羽之庙,遍布燕京约五十多座,仅都城隍庙附近,即有关帝庙和元天历二年(1329年)建的护国关帝庙。历来,关羽在庙堂和民间被当作义气化身的英雄人物。其"拼将一死酬知己,至令千秋仰义名",及富贵不能淫、威武不能屈的义气风骨,较深刻地影响了中国人的道德观、价值取向,但过于强调"忠君"且附以迷信色彩,则存在明显局限。

风马云旗俨在堂

——都城隍庙 七元碑与朱漆木桶

都城隍庙,在城西旧刑部街,金时建。元称佑圣王灵应庙。天历二年(1329年),加封大都城隍神为护国保宁王,夫人为护国保宁王妃,明永乐又改曰大威灵祠。清称都城隍庙,有世宗雍正御制碑并诗。

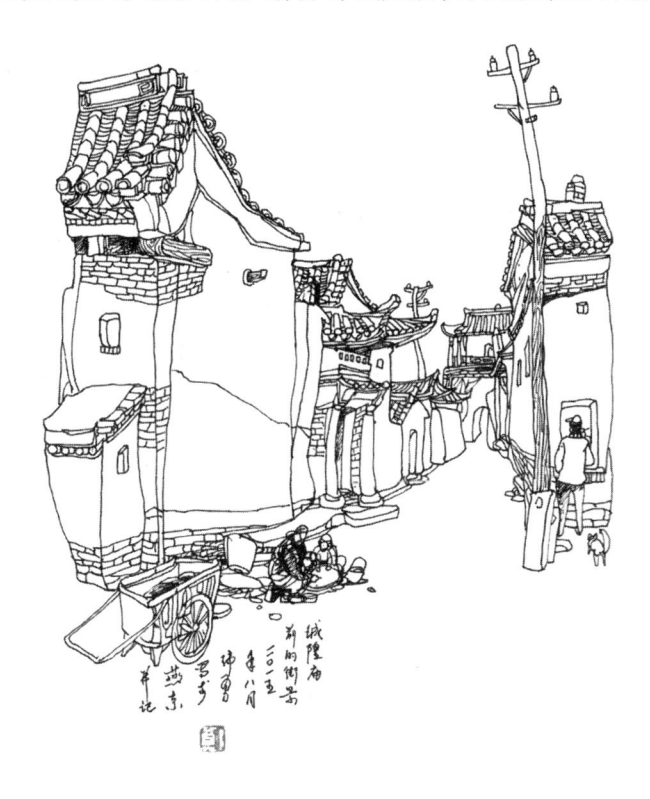

城隍庙，供奉城隍之庙。城隍，道教所传守护城池之神。古代称有水的城堑为"池"，无水的城堑为"隍"。由《周礼》蜡祭八神之一的水（即隍）庸（即城）衍化而来。最早见于记载的，为建于三国吴赤乌二年（239年）的芜湖城隍，北齐郢城（今信阳）也建有城隍神祠一所。唐之后，城隍庙遍及郡县。后唐清泰元年（934年）封城隍为王。明太祖洪武三年（1370年），正式规定各府、州、县的城隍神并加以祭祀。于是城隍庙成为城市必建的庙宇，并以朝廷法令对城隍神予以祭祀，足见重视。

据《金石志》记，都城隍庙有元碑七，立于寝殿后。四块在左：一立于至正二十六年（1366年）十月的长明灯记碑；一立于元贞元年（1295年）正月，韩从正撰，许复书并篆额金佑圣王灵应原碑；一立于至正四年（1344年）九月，余阙撰文、庄文昭书；一立于至正二十五年（1365年）十二月，童梓撰文、吴云书、张璟篆额元护国佑圣王记。三块在右：其一立于至元五年（1268年）六月，任枑撰文、张礼书元佑圣王灵应碑；另二碑因剥落不可辨识。

寝殿内有二朱漆木桶，大者可容数十石，有万历时进造的浴盆及换水二碑。皆因当时取水甚难，贮此以备不虞。北京井，多苦水，甜井极少。桶中有水，道人以神所沐浴为备，诳香客曰，"目有疾者，浴可愈"。

又据《宸垣识略》载："北京城隍庙中有石刻'北平府'三大字，此（清）国初旧物。一老卒云：'其石长可丈六尺，下有城隍庙三字。既建北京，埋而露其顶。仪门塑十三省城隍，皆立像，左右相对，每岁顺天府官致祭'。正统十二年（1446年）重建城隍庙成，有英宗御制碑。"

又据考，所谓"仪门塑十三省城隍"，有误，经考"庙中只列浙江等十二省，而江南省独缺，盖明代以江南省为陪京，故不与各省并。'北平府'三字亦无"。

魏之琇《谒都城隍庙》诗：

祠垣森閟（bì 关闭）树苍苍，风马云旗俨在堂。

共仰威灵囿(yǔ同圄圉,拱卫)社稷,谁传姓氏嬗于杨(相传于忠肃、杨忠愍相继为都城隍)?

四朝庙祀皇情肃,万邑安和帝道昌。

屹立丰碑垂圣藻,愿输时雨与时旸(晴天)。

古人云,"缀文者情动而辞发,观文者披文以入情",全诗无非歌以神明,颂以纪德,陈词滥调矣。

金顶庙会有香道

—— 碧霞元君庙　慈禧太后到妙峰山进香专修香道

碧霞元君庙，在西郊妙峰山顶，建于明代。

据《北平风俗类征》载："妙峰山碧霞元君庙，在京城西北八十余里，山路四十余里，共一百三十余里，地居昌平，每岁四月（农历）初一开庙半月，香火极盛。"

妙峰山，状如莲花，故称妙峰山。山顶的碧霞元君庙，供奉以天仙圣母碧霞元君为首的五位娘娘，即灵感宫，俗称娘娘庙或天仙庙。明崇祯年间，妙峰山"金顶庙会"在京城最为红火，影响颇大。

每年农历四月初一日始，北京各寺庙都开半个月，特别是初八"浴佛会"这天，其宗教活动尤盛。妙峰山的碧霞元君庙，春时碧山翠峰，百花盛开，香火最旺，加上庙会间各路民间艺人到此表演"太少狮"、"五虎棍"、"高跷秧歌"、"莲花落"等文娱节目，是京城庙会最热闹的地方。甚至连慈禧太后都赶着来妙峰山碧霞元君庙进香朝拜。为此，敕命专修一条长达四十里的香道。香道由大石块铺砌而成，据说每一石块要耗白银一两，且工匠还要流汗流血。故有"金道"之称。

昔日，上妙峰山香客，一部分要用脚量石经，挥汗如雨也登上山顶进香，而官吏和富人要雇脚工，将其抬到山顶。《北平风俗类征》说得颇具体，"其富贵者，乘车至山下，则易二人肩椅。"而抬椅者，谓之"爬山虎"。役人修路和抬椅进香,与"慈悲为怀"的佛义岂不相悖。

碧霞元君庙,在京还有多处,如有一处在三里河"核桃园,有康熙六十一年(1722年)编修傅王露碑";另一处"碧霞元君庙在南苑大红门外,土人呼为南顶";再一处"碧霞元君庙在东直门外,俗呼东顶";第四处"碧霞元君庙在北极寺之东,俗称北顶"。右安门外之一碧霞元君庙,俗称中顶。

吴岩有《游中顶》诗:

> 十里城南绿满川,春风春柳自年年。
> 名园几废灵祠在,孤负看花谷雨天。
> 都人士女竞喧奔,花市阑珊庙市繁。
> 已见田田好荷叶,风流忆杀赵王孙。

05

卷 五

仙观还看榜白云

——白云观　规模最大最完整的道观

白云观，在西便门外一里许，建于唐开元二十七年（739年），元时称太极观，是道教全真三大祖庭之一，也是北京规模最大、保存最为完整的道教庙观。

道教，中国汉民族固有的宗教，渊源于古代的巫术，东汉顺帝汉安元年（142年）由张道陵倡导于四川鹤鸣山。道教奉老子为教祖，尊称"太上老君"。以老子《老子五千文》（即《道德经》）、《正一经》和《太平洞极经》为主要经典。

观，寺观，道教的庙宇。康骈《剧谈录》卷下："至于佛宇道观，游览者罕不经历。"证明寺观自古遍于神州。

北京地区的道观建筑与佛教寺庙大同小异，只不过殿堂内供奉三清、四御以及城隍、灶君、风雨雷电、山川社稷等神灵。当然，有些寺庙将佛祖、菩萨和神仙一起供奉，体现出佛道合流的特点。白云观是纯道教的庙观。坐北朝南，正门为三洞山门，门前有石狮二，由层层递进的四合院组成，分中、东、西三路而行。主要殿堂天王殿、大雄宝殿等皆在南北中轴线上。规模宏大，气象非凡。清康熙四十五年（1706年）、五十三年（1714年），乾隆二十一年（1756年）、五十二年（1787年）几次敕修。光绪十二年（1886年）又重修。乾隆年时，《宸垣识略》

记曰"观前为玉历长春之殿,有明碑四。右为儒仙殿,中塑赫面黑髯,袱头团花袍,玉带衮补……再入为翕光之殿,有明碑二。中列七真像,旁绘十八弟子……又北为贞寂堂,明碑二。中塑邱真人像二,其大者双瞳点漆,精彩如生"。

又据《仙源录》记,儒仙殿所供赭面黑髯者,为张本。金正大九年(1232年)以翰林学士使北见留,遂隐于黄冠(道士所戴束发之冠),居燕长春宫。

白云观主要供奉的是天师邱(处机)真人。邱真人白皙,无须眉。都人正月十九日致醮(洒酒)祠下,谓之"燕九节"。

真人像前有木缶本一,乃雕树瘿而成,上广下狭,可容五斗,内涂以金。置于石座之上,四周围以木栏。邱真人于金大定间,年十九岁辞亲,居昆仑。后又以弟子礼拜王真君为师。金贞祐年间,金宣宗召请,不允。后南宋遣使来召,也不允。五月,元太祖成吉思汗召,邱处机与弟子十八人在雪山之阳见太祖。以拳拳之心劝说成吉思汗放弃杀戮。成吉思汗问治国之道,则对以敬天、爱民为本。又问长生久视之道,则告之清心寡欲,太祖深记其言。赐号"神仙",爵大宗师,掌管天下道教。又据传,邱真人会冶金术,为元帝国献金无数。又敕封"金印主教全真"。奉旨居燕京太极观,后改长春殿。八十而逝,至元时忽必烈诏赠号长春演道主教真人。

元时,全真派盛极一时,白云观香火极盛。此后,道教正式分为正一、全真两大教派。信奉正一派的道士不出家,俗称"火居道士"或"俗家道士"。信奉全真派的道士须出家。

元、明、清三朝,白云观庙会,春节特别热闹,"摸石猴""打铜钱"、"摸福字"等民俗活动颇吸引人。白云观之所以香火旺盛,还和人们感念邱处机止杀戮的理性良知与敬天爱民的宽厚仁和的思想有关。

元代袁桷是游白云观最早的诗人之一。有诗《游长春宫》:

珠宫敞殊界,积构中天台。

神清历倒景,青红隐蓬莱。

> 群山助其雄，衮衮从西来。
> 八蔬昔禹甸，为此增崔嵬。
> 旧邑环蚁垤，清泉覆流杯。
> 云低落日净，莽苍同飞埃。
> 缅怀古仙伯，采芝雪毰毸（péi sāi 羽毛披散）。
> 长春岂酒国？杀气为之回。
> 天风起高寒，玉珮声徘徊。
> 空余水中轮，历玉环春雷。
> 之人去已久，松涛有余哀。

长春宫，为白云观前之殿。"长春岂酒国？杀气为之回"句，写人们致酹祠下，感恩邱真人让杀戮远离世间之德。

袁桷，元大德（成宗）初荐为翰林国史监阅官，太定初辞官，其熟于前代掌故，长于考证，有《易春秋说》。从《游长春宫》可见，其诗格清隽，遣语工致，诗中也有悲天悯人之情。

明朱国祚有《题白云观》诗，歌颂邱真人菩萨之心：

> 一言止杀古人难，多少遗臣借尔安。
> 辛苦捐躯文信国，得归也拟着黄冠。

朱国祚，明万历进士，1598年擢礼部右侍郎。光宗赵常洛即位，拜礼部尚书，入参机务。有《介石斋集》。其诗平正。

朱彝尊《白云观》诗：

> 爱见晴山出，郊西万木疏。
> 偶寻樵子径，因访羽入居。
> 活脱存遗像，苍凉感废墟。
> 惟余綵幡字，仿佛鹤头书。
>
> 世祖兴元日，真人独召丘。
> 片言能止杀，万里不虚游。

> 羽蜕长春观，池枯太液流。
> 谁裁释老传，乃与帝师侔。

清徐乾学，游天宁寺后，又至白云观，作《白云观》诗：

> 浮图宝铎半空闻，仙观还看榜白云。
> 霜树绀园鸦自集，岩花丹灶鹤依群。
> 碑镌仁寿留千载，跸驻崆峒论数君。
> 行乐只应凭眺遍，未妨徒倚到斜曛。

据《旧都文物略》载，白云观庙会很热闹，指出，白云观庙市以"白云观小漆佛"最有特色。

淼淼苍波白鹭飞

——妙缘观

大石桥北有妙缘观胡同,乃因妙缘观而得名。

在妙缘观之前,有真武庙,明景泰三年(1452年),景帝朱祁钰时扩而新造,易名妙缘观。至宪宗朱见深之成化年间重修。观内有二碑,都是明朝重臣胡濙所撰。胡濙,建文进士,授兵科给事中,成祖即位,迁户科都给事中。永乐五年(1407年)明成祖朱棣以建文帝下落不明,胡濙受遣访"异人"。遍访各州郡乡邑,永乐二十一年还朝。受太子宾客,兼南京国子祭酒。宣宗即位,进礼部尚书。景宗登基进太子太傅,英宗复辟,见势不妙,称病辞官,告老还乡。有《其轩集》存世。其为妙缘观撰碑时,正是春风得意、位高权重时,非其莫属。

到了清乾隆五年(1740年),妙缘观落成近二百年时重修。有当朝刑部侍郎张照书碑。此外观中还有虚靖真君大道碑。此碑阴刻冲元亭书《养心百字》。

明李东阳有《过真武庙怀朱文鸣故友》诗:

> 淼淼苍波白鹭飞,苔痕长满钓渔矶。
> 松阴不改三株树,鹤梦还醒一羽衣。
> 细数邻家遗老尽,久怀同学故人稀。
> 沿流不觉寻诗远,把酒看花事事违。

李东阳写此诗时,真武庙早已改名妙缘观,有怀旧之意。李东阳为明朝大臣,弘治四年(1491年),四十四岁的他,擢礼部右侍郎,兼侍读学士,入内阁专典诰敕。八年后,以本官直文渊阁,参预机务,又进太子太师、吏部尚书兼华盖殿大学士,后又受命,辅翼武宗朱厚照。李东阳又善诗文,为文学家,名重一时,有《燕对录》、《怀麓堂集》等著作。《过真武庙怀朱文鸣故友》诗,借写古庙景致以深情怀念故友的同时,流露出饱经沧桑的悲切苍凉之心绪。

青山满高阁

——摩诃庵 《金刚经》石刻

摩诃庵在慈寿寺旁。摩诃,梵文摩诃毗罗(大雄)简称。摩诃毗罗(约前540-前468年),耆那教的创立者。耆那(制胜情欲者),汉译佛经中称为尼健陀若提子,相传三十岁出家,苦修十二年创立新宗教。游行讲道三十年。明嘉靖丙午年,中官赵政建。

"庵不甚大,洁净特甚。前后多松桧,四隅各有高楼,叠石为之"(《宸垣识略》)。登楼一望,川原如绣,西山苍翠,欲与人衣袂接。特别处,是万历之后,庵中有杏树,多至千株,春时杏花如云,游人最甚。可惜熹宗天启间,被魏忠贤所毁。

魏忠贤,宦官。万历间入宫,与熹宗乳媪客氏私通,熹宗即位,擢司礼太监。以善导帝倡优伎乐及狗马射猎得帝信任,命兼掌东厂,他遂驱忠臣魏朝,杀王安,搏击正直官臣,权势日盛。妒中官赵政,命人毁摩诃庵,彼时各地督抚正为魏阉建生祠以祀,讨其好。

摩诃庵东偏金刚殿,有明人重临三十二体《金刚经》石刻。金刚经,佛教经名。全称《金刚般若波罗蜜经》,因用金刚比喻智慧有能断烦恼的功用,故名。有七种汉文译本。中国禅家南宗即以此经为重要典据。《金刚经》木刻本,为唐咸通九年(868年)完成。藏于敦煌千佛洞,1899年发现,八年后被英国人斯坦因盗走,现存英伦敦不列颠博物馆。

摩诃庵《金刚经》集篆三十二体石刻,每经一章为一体,每本标以分书,附以释文,明陈万言及清王崇简作跋。清乾隆时尚存。后不知所踪。

明王世贞《游摩诃庵》诗:

> 西院枕迥溪,青山满高阁。
> 祇园天气佳,苔砌余红药。
> 鸟如迦陵响,梵是鱼山作。
> 微雨急来过,纷纷几花落。
>
> 东院更幽绝,苍苔引深处。
> 修篁蔽帘栊,风声在高树。
> 恍惚思旧游,缱绻未能去。
> 谁赋洞庭诗,清如抒山句?

明王世贞,非清王士禛。王世贞生活在明万历年间,其时政治腐败不堪,文学上出现以他为主的"后七子",发动复古运动。其诗文完全模拟剽窃李、杜等盛唐十四家为能。王世贞独主文坛二十年,声势虽大,却鲜有成就。

王世贞自命清高,痛诋唐伯虎,对文徵明也略有怨辞,文人并非皆相轻,王世贞也有疏爽一面。王世贞学问广博,著作甚丰。《游摩诃庵》一诗,感受真切,音律谐美,意蕴也悠远。

清高士奇《摩诃庵看杏花》诗:

> 青郊路转见芳菲,日暖园林燕子飞。
> 别圃乍经山杏落,僧厨新煮药苗肥。
> 繁花舞蝶迎人面,细草轻烟上客衣。
> 更向层台高处望,千峰螺黛送春晖。

高士奇,史学家,出身贫寒,少好学能文,以工书法为康熙宠识。

追随姻亲诗人徐乾学与明珠一派争权,且贪赃枉法,为御史郭琇所劾,被罢官。此诗名曰"看杏花",却不见杏花。昔宋至《西山道中》诗有"杏子开残桑叶肥"句,杏子非桃花。高士奇之"山杏",莫非桃花耶?"杏花"、"桃花",到底是什么花?

庵右,为法藏庵,亦称永庆禅林,为摩诃别院。院僧无铉,善琴,常于夜间弹奏,乐播四方,婉若仙曲。明冯琦《宿法藏庵》诗,写无铉抚琴:

> 法界心常净,名琴手自携。
> 曲终人境寂,残月竹房西。

此诗极为自然,富于画意,且清逸之趣迫入眉目。

满月光摇指髻青

——慈悲庵

慈悲庵在南城黑窑厂南,接近城垣处,为陶然亭北院。黑窑厂为明时制造砖瓦之地。后此厂废,其他窑坑甚多,坡垅高下,蒲渚参差。再后有三间真武殿筑其高地,翼以小屋,有道人居之。路口有灵官阁,由此盘折而上,可眺帝京宫阙,名曰窑台。

慈悲庵,内有辽代寿昌五年(1100年,道宗耶律洪基为帝)所造慈智大德师佛顶尊胜大悲陀罗尼幢并记。"庭前有金天会九年(1132年)四月石幢,四面各镂佛像。共三隅刻咒文,皆西域梵书,而标以汉字曰净心法界陀罗尼、观音菩萨甘露陀罗尼、智炬如来心破地狱陀罗尼;惟一隅漫漶,仅辨年月。则招提胜境,由来旧矣"(《宸垣识略》)。

汤右曾《秋日登大悲庵后亭》诗:

石幢重到访遗经,秋色苍然落此亭。
鸿雁影低连古堞,蒹(jiān 没长穗之芦苇)葭(jiā 初生芦苇)声冷绕迥汀。
如丝气上龙泓白,满月光摇佛髻青。
愿证诸天菩萨戒,自今刀几谢膻(shān 羊肉味儿)腥。

汤右曾到慈悲庵石幢看遗经,有感而诗之,构成一幅苍然秋色中慈悲庵寒寂清冷的风景画。"鸿雁影低连古堞,蒹葭声冷绕迥汀"句,把人引入苍凉沉郁之意境。意境乃诗之门户,也是欣赏诗的窗口。诗人写诗,光得意境,使"神与物游","思与境偕",才能写出好诗。而读者正是从意境着眼,走进诗,去寻觅诗的情感和神韵。

慈悲庵在陶然亭的北岸,乃一处好风景。陶然亭,康熙乙亥江郎中藻所建,取白居易"更待菊黄家酿熟,与君一醉一陶然"之意。

杭世骏有写陶然亭诗:

溪风吹面麑晴澜,苇路萧萧鸭满滩。
六月陶然亭子上,葛衣先借早秋寒。

该诗抒写闲适胸襟,描摹自然景物,但最后一句却道出世态的艰辛,给诗平添几分感伤低回之感。

风尘已觉宽

——太平庵

出德胜门循城西行,约半里有一桥,桥下有水关,清流汩汩入一湖,河岸左,背城临湖有一道庵,名太平庵。何时建,已无可考。《宸垣识略》认为此庵"为王聚洲在工垣时建,称滇省香火院"。无佐证,可疑。又,相传曾从庵前泥塘中掘出一石,上刻太平庵三字,因以得名。也不可信。倒是有一首诗,证明了太平庵的存在。

查明代诗,有黄景昉《同人集太平庵》诗一首:

> 不远城隅胜,风尘已觉宽。
> 隔溪鸣布谷,新果荐文官。
> 铁瓦通泉古,冰壶濯梦寒。
> 春衣仍可典,无畏酒杯干。

诗人是晚春与友人聚会于太平庵的。逃避尘世喧嚣,来到布谷鸟鸣唱、果树已挂果的清幽之庵,古泉煮茶,泥炉温酒,放纵心灵本相,就有"今日方知心是佛,前身安见我非僧"的禅心。

晏公祠

——河"图"洛"书"

晏公祠,在香山弘教寺旁。明正德中常侍晏忠建。

过涧上石桥,有石门曰道统门。进门有石殿三间,所奉石像:三皇、五帝、三王。左有孔子、孟子诸圣贤,右有程颢、朱熹等大儒。石壁有龛,皆藏经。殿外有一石亭,亭壁列于戚、钟馗等。左有龙马,马毛旋五十五,数具一如河图。右有洛龟,龟甲四十五,数具一如洛书。河图,指"河图洛书",

古代儒家关于《周易》和《洪范》两书来源的传说。《易·系辞上》说,"河出图,洛出书,圣人则之"。传说伏羲氏据这"图"、"书"画成八卦,就是后来《周易》的来源。

东堂三间,壁上画忠臣、孝子。右边是图,而左边是文字说明,以告诉观者。法堂后磊石为洞,洞壁有先儒格言及咏道诗词。乾隆时有一僧守护晏公祠,在住所设佛像,诵经。

据《元史》载:"太定二年(1325年,中书省言,养给军民,必借地利。世祖建大宣文弘教寺,寺赐'永业',当时已号虚费,今遗迹已无考。"观晏公祠石像礼器制度,浑朴不类明时匠人所雕刻,且元时儒释尚未分,疑祠即为宣文弘教之遗址。

清吴长元说:"旧闻云,石像礼器不类明时匠人所凿,则康熙间竹垞曾见之矣。今考谓晏祠石室并废,不知毁于何时。"

读《御制诗集》,有题《积书岩》云"境如西室秘岩阿"句,又有"芸编插架罗"之句,料是晏公祠应在静宜园附近。

明姜应甲《题晏公祠》诗:

> 空山石祠堂,落穆跨深壑。
> 肖像古圣贤,高下坐渊穆。
> 殿墀列龟龙,如出自河洛。
> 煌煌先儒语,所为忠孝作。
>
> 性理二百卷,题壁见大略。
> 历览感我心,人传晏公凿。
> 厥志在尼山,高邈得所托。
> 愧哉彼檀施,衅血涂丹雘(红色涂料)。

清查慎行《晏公祠》诗:

> 诸宫贝阙影参差,不种婆罗即产芝。
> 不信中官遵道统,此山犹有晏公祠。

风流彩扇出西州

——万松老人塔　祀元丞相耶律楚才之师万松老人

万松老人塔，在西四牌楼南大街西侧，砖塔胡同南。元大都筑都城，有五十坊，二十九条胡同。但坊名俱存，而胡同名皆佚。仅在元时杂剧家李好古之《张生煮海》中见砖塔儿胡同台词曰："你去那羊市角头砖塔儿胡同总铺门前来寻我"。古建筑专家罗哲文说，元时二十九条胡同，仅存砖塔胡同至今。"乾隆十八年（1753 年）敕修。九层旧制，塔尖则加合者也"（《宸垣识略》）。高丈五尺，石额曰"万松老人塔"。

金元间，有僧自称万松野老，居燕京从容庵。耶律楚材见之，参学佛法三年，万松野老名其为湛然居士。耶律楚材，辽丹东王突欲八世孙，曾仕金。元太祖成吉思汗取燕京，召而用之，呼为"吾图撒合里"（长髯人）。后随其西征，劝太祖早收兵，勿滥杀，颇受重用。后又劝文正王："以儒治国，以佛治心"。王极称之。

史载，"万松老人"以所评唱《天童颂古》三卷，寄楚材于西域阿里城，曰《从容录》。自言着语出眼，临机不让也。楚材序而传至今。老人圆寂后，无知塔处者。今干石桥之北，有砖塔高五丈，不尖而平。年年草荣其顶，群号之曰砖塔，无问塔中僧者。不知何年，人倚塔造屋。外望如塔穿屋出，居者犹闷塔占其堂奥地也。又不知何年，居者为酒食店,豕肩挂塔檐,酒瓮环塔砌。刀砧钝,就塔砖砺。醉人倚而拍拍,歌呼漫骂,二百年不见香灯矣。万历三十四年(1606年),僧乐庵讶塔处店中,入而周视,有石额五字焉,曰'万松老人塔',僧礼拜号恸,募赀赎而居守之。虽塔穿屋如故,然羲肩酒瓮,刀砧远矣。"万松老人著《万寿语录》《释氏新闻》。又善抚琴,耶律楚材引其入宫弹琴,很受欢迎。曾向文正王索琴,王以《承华殿春雷》及《种玉翁悲风》两谱赠之。又据载,"尝寄孔雀便面",扇面附以诗云:

风流彩扇出西州,寄与白莲老社头。
遮日招风都不碍,休从侍者索犀牛。

传之法门,亦为佳话。

独吊空山泪满襟

——颐和园里元朝丞相墓祠

元朝丞相耶律楚材墓,在颐和园万寿山南、知春亭北。乾隆十五年(1750年),命在墓前立祠宇,有御制石碑。清后期墓前祠毁废,祠前之石兽皆零落倒伏,仅有一翁仲石像孑然而立。

"明天启七年(1627年)夏夜,有萤千百,集翁仲首。土人(当地人)望见,哗曰:'石人眼光也!'质明,共踣(推倒)而碎之"(《宸垣识略》)。见萤火虫聚石像头,民以为凶兆,将其推倒砸碎。此石像当属元建墓祠时所立。清查慎行《杂咏》有"丞相头颅曾出土,莫叫翁仲怨流萤"句,可证天启夏夜踣碎之事。

又据载:"瓮山下耶律丞相祠,(明)崇祯中尚存。公及夫人二石像端坐陌头。公像髯分三缭,其长过膝。"明王嘉谟《耶律丞相墓》诗:

> 丞相遗丘湖水阴,荒榛野草自萧森。
> 亭前瀑布摇空穴,雪后寒禽啼大林。
> 惨淡尚思戎马日,艰难深仗哲人心。
> 云龙鹓鹭真余事,独吊空山泪满襟。

王士祯诗曰:

> 石瓮山头归片云,望湖亭上倚斜曛。
> 纸钱社酒棠梨道,谁到湖边耶律坟。

可见当时耶律楚材墓与祠已荒败萧森,但仍有人以社酒、棠梨置于墓道,祭悼元相。

耶律楚材(1190－1244),契丹族。1215年蒙古国建立者成吉思汗夺取燕京,召而用之。耶律楚材蓄有长髯,成吉思汗昵呼"吾图撒合里"(长髯人)。感其信任,遂随成吉思汗西征今乌兹别克一带。耶律楚材劝成吉思汗早日息战及勿妄杀。太宗继位,耶氏更受信任,任中书令,灭金时,废屠城旧制。献策元统治者设编修所、编籍所,刊印儒家经典,召汉名儒讲儒家学说,定天下赋税、务农桑、制漕运,多被采纳。在保护汉文化、文献、典籍与汉儒士方面,有大功劳,深受文人敬仰。所以他去世后,文人常到墓前祭奠。耶律楚材还是蒙古王朝中一枝独秀的诗人,被元人称为"一代词臣"。他随军西征时,写诗《过阴山和人韵》:

> 阴山千里横东西,秋声浩浩鸣和溪。
> 猿猱鸿鹄不能过,天兵百万驰霜蹄……

此诗明显受李白诗的影响,气势稍逊于李白,却自有特色。《西域河中十咏》写异域风情,清新优美。今有诗六百多首,存《湛然居士文集》十四卷。耶律楚材还是翻译家。元朝初建,耶律楚材将一首契丹诗人寺公大师用契丹文创作的一百二十句长诗《醉义歌》,译成汉文。最早见《湛然居士文集》卷八。耶律楚材在《醉义歌》序中说:"辽朝寺公大师者,一时豪杰也,贤而能文,尤长于歌诗,其旨趣高远,不类世间语,可与苏黄并驱争先耳。有《醉义歌》,乃寺公之绝唱也。"《醉义歌》是在契丹诗人创作中,成就最高,篇幅最大的七言长诗。署"寺公"名,似非真名。《醉义歌》以诗的语言来抒发齐物论思想,又杂入佛教人生观。诗中多有超尘出世之想,却不消极避世,洋溢一种高远振拔的精神。纵观耶律楚材的复杂人生经历:曾从师学佛,随军多年征战,又曾浮沉于官场，特别是受汉文化熏陶，濡翰弄诗，恰自己又是契丹人，故窃以为寺公者，当是耶律楚材。

耶律楚材在元代的影响，以事功而不以文艺。故后人知耶律楚材为丞相多，而知其为诗人翻译家甚少。今特别推介这位古人。

几为先生湿短襟

——文丞相祠　忽必烈劝降不从，作《正气歌》

文丞相祠，即文天祥祠，在东四府学胡同，明初北平按察司副使刘嵩所立。宣德间，命有司春秋祭祀，景泰中，赐谥忠烈，遗像改塑丞相衣冠。历代忠臣祠，府尹致祭，必有祭服，惟祭祀文丞相穿常服。考文山所著《日录》诸书，相传并刊板祠中。清雍乾时，《日录》诸书的刊板已不存。惟唐李邕书云麾将军李秀断碑二础，尚砌于墙壁。李邕者，唐时谏官，善书法，习王羲之、王献之父子书法，自成一格，有"书中仙子"之称。尤善碑颂。李秀，字元季，范阳人，唐玄宗以功拜云麾将军、左豹韬卫翊府中郎将，封辽西郡开国公，卒于开元四年（1716年）。碑刻于天宝元年（742年）。此碑曾藏于良乡县库中。清宛平令李荫掘地得础石六块，洗视，乃云麾碑残石，建古墨斋覆盖。后移少京兆署中，仅二础。其四础传为万历中京兆惟俭携去汴中。对此，《吴涵记》记得甚详。

明后期，文丞相祠已凋败，仅有"破屋三间，塑像兀坐，冠进贤冠，朱衣色黯。神座之右，石刻半像，执笏，冠如明世国公。笏刻孔曰'成仁'，孟曰'取义'数语"（《宸垣识略》）。

文天祥，南宋大臣，文学家，号文山。宋理宗（赵昀）宝祐四年（1256年）中进士第一名。开庆元年（1259年）蒙古军攻鄂州（今武昌），宦官董宋臣主张迁都，文天祥上疏斩董，并建议御敌之策，未被采纳。德祐元年（1275年）闻元军东下，在赣州组织义军，入卫临安（杭州）。次年任丞相，被恭帝赵显派往元军中谈判，被扣留。后脱险，流亡通州（今江苏南通），由海路南下至福建，坚持抗元。1278年在广东五坡岭（今海丰）被俘。元将张弘范令其写信招降抗元义军，不从，羁押中作《过零丁洋》，诗以明志。次年被押至大都。狱中又作《正气歌》，威武不屈。忽必烈敬其忠烈，惜其才干，派出平章政事阿合马、丞相孛罗招降不从，后亲自至狱中劝降，并以宰相高位，被文天祥以"愿赐之一死足矣"断然拒绝。遂于1283年寒风凛冽的1月9日，慷慨就义于柴市。文天祥在狱中写了不少歌颂抗元英烈的诗作，题名《指南录》，堪称诗史，其诗《过零丁洋》、《正气歌》，为千古绝唱，世代传颂。

据传，文天祥死后，在他的衣服上发现一首诗曰："孔曰成仁，孟曰取义。唯其义尽，所以仁至。读圣贤书，所学何事？而今而后，庶几无愧。"无证，存疑。

明洪武九年（1376年），为纪念他成仁取义的忠烈，在曾囚禁过并杀害文天祥的府学胡同建"文丞相祠"。

明朝章懋《谒文丞相祠》诗：

> 元宋兴亡迹已陈，忠臣祠宇尚如新。
> 夕阳古树烟犹暝，夜雨荒阶草自春。
> 慷慨六歌空洒泪，间关百战竟捐身。
> 穆陵地下应含笑，不负胪传第一人。

"胪传"语，见《庄子·外物》："大儒胪传曰：'东方作矣，事之何若？'"。

顾清《谒文山祠》诗：

> 碧殿长松锁十寻，晚云将雪助悲吟。
> 貂蝉不改厓山制，金石疑闻孔壁音。

南去星潮嗟往事,北来祠宇岂公心?
春风一掬唐衢泪,几为先生湿短襟!

孔子在《论语·卫灵公》中说,"志士仁人,无求生以害仁,有杀身以成仁",乃是中国士大夫的道德行为准则,文天祥在《过零丁洋》中留下"人生自古谁无死,留取丹心照汗青"的剖白后,英勇就义,其生也荣,其死也哀。明崇祯十七年(1634年)三月戊申,清兵破城之际,明左都御史李邦华缢于文丞相庙,清时赐谥忠肃。忠臣死于忠臣祠中,皆为社稷死则死之,为社稷亡则亡之。不过王勃诗"生荣死哀,身没名显",似有对为"名显"而"没"的批评。

要留清白在人间

——于谦祠　留下愚忠在人间

于谦祠,在东长安街西裱褙胡同。

明成化间(1465－1488年),宪宗朱见深为景泰八年(1450年)被冤杀的兵部右侍郎于谦平反昭雪,将于谦在西裱褙胡同的故居辟为"忠节祠"。朱见深亲撰诰语:"当国家之多难,保社稷之无虞,惟公道之独持,为群奸所并嫉。在先帝已知其枉,而联心实怜其忠。"特诏追认复官。

于谦,永乐十九年(1421年)中进士,历官御史、兵部右侍郎。正统十三年(1448年)迁左侍郎。次年秋,瓦剌也先大举寇边,宦官王振挟英宗亲征,兵部尚书邝埜(野)从征,留于谦理部事。未几,明军全军覆没,英宗被俘,史称"土木之变"。英宗之弟朱祁钰监国,于谦拥他为景帝。十月也先挟英宗破紫荆关,攻京师。于谦遣将迎敌,前线督战,毙也先之弟等悍将,也先又挟英宗北逃。景泰元年(1450年)也先乞和,放英宗归京。景帝迎英宗住南宫,称上皇。是时闽、浙、湖、广、黔爆发农民起义,于谦均将其剿灭。八年,英宗趁景帝卧疾南郊,政变复辟。以谋反逆罪杀于谦,并抄没家产。朱见深即位,于谦之子于冕上疏为父讼冤,宪宗为于谦平反。万历十八年(1590年)改谥"忠肃"。

于谦被杀后,其尸为庶民收殓,于谦女婿运往杭州,葬于西湖边三台山。裱褙胡同的忠节祠内,立有于谦塑像。清顺治年间,像毁祠废。后所存者,系清光绪年重建。祠坐北朝南,院为于谦故宅,建有两层奎光楼,楼上为魁星阁,悬木额"热血千秋"四字。

1890年,义和团曾在此设神坛。

于谦有诗《咏石灰》,留下愚忠在人间:

    千锤万凿出深山,烈火焚烧若等闲。
    粉身碎骨浑不怕,要留清白在人间。

皇后祭蚕神

——祭先蚕坛燕京每岁有祭先蚕盛典

近某报载《祭蚕盛典重现北海公园》一文，有"消失了上百年的'皇后祭蚕神'的国家祭祀典昨日重现北海"云云。祭先蚕之典现场，由西城文艺工作者扮演皇后、嫔妃、公主等，身着清代祭奠朝服，在古雅的音乐伴奏下，行祭先蚕的六拜、三跪、三叩之礼，场面恢弘、肃穆，观者甚众。

《清史稿》记载，祭先蚕活动，每年一次，包括祭先蚕、躬桑及献蚕

缫丝三部分，为期一个月。每岁祭先蚕盛典，皆在先蚕坛举行。但此次祭先蚕活动，因先蚕坛解放初就被北海幼儿园所占，无奈只能在先蚕坛之外举行。

先蚕，古代传说中最先教民育蚕之人，祀之以为神。《后汉书·礼仪志上》有"祠先蚕"。刘昭注引《汉旧仪》："今蚕神曰菀窳妇人、寓氏公主，凡二神。"北周以后，称传说中的黄帝之妃嫘祖为先蚕。先蚕教人育蚕，蚕结茧可缫丝纺线，制衣遮体御寒。人们念其恩惠，自古以各种方式祭祀先蚕，便有先蚕坛等祭祀场所。

先蚕坛今北海公园北门之东，南接绿意廊、云岫厂、竹风梧月等景观，西沿太液池（北海），有镜清斋、抱素书屋、焙茶坞等美景，先蚕坛与诸景和谐相融，构成一处美不胜收的圣境。

据《宸垣识略》载，先蚕坛"制方，南向，一成。径四丈，高四尺，四出陛，各十级。西北为瘗（埋）坎。坛东南为先蚕神殿，三间，西向，朱扉，覆以绿瓦，崇基，三出陛。坛东为采桑坛，方广三丈二尺，高四尺，南东西三出陛，各十级。前为桑园。后为具服殿，五间，南向，三出陛，各五级。配殿各三间，后殿五间，东西配殿各三间，均覆以绿琉璃瓦"。

先蚕坛，这一组布局疏密有致、精巧实用的建筑群，垣周百六十丈，高四尺。西南为正门，有门三，左右各一，西北有一门。垣南室二重，各五间。规制肃穆大气，建于金，修葺于元。按旧制，"每岁祭以季春吉巳"。即每年春季末月的一天上午九点至十一点，举行以皇后为首的祭先蚕盛典，企盼丰收的同时，躬亲桑蚕，体恤农民稼穑艰辛。但这只是假象。唐杜荀鹤《山中寡妇》诗有"桑柘废来犹纳税"句，才是桑农生活的真实写照。皇家祭先蚕热热闹闹，山中寡妇，情何以堪？

在先蚕坛墙外，凿渠引水，从北垣流入先蚕坛，由坛南流出，此河称洗蚕河，清澈见底，淙淙流淌。为控制水量，设闸启闭。河侧设专司蚕事的蚕署。有办公用房三间，蚕房二十七间，均西向。由先蚕坛向西，在三座门处，又有与先蚕坛相关连的建筑，曰蚕池。此乃金、元时，皇家养蚕、缫丝、织锦的作坊。金、元游牧民族入京，注意向汉人学农耕,沿唐宋旧制,设先蚕坛、建蚕池。明时,改为宫人织锦之所。后将蚕池赐给翰林蔡升元疗疾。蔡感激皇恩浩荡,作《移居蚕池养疾恭纪》诗。诗虽通篇谀颂,但还是无意间写出蚕池也是一幽静雅致之处。

> 岂特终身去宿疴,移家妻子尽欢歌。
> 平分翠色瀛台柳,依旧清光太液池。
> 深院自驱尘翳少,广庭偏受月明多。
> 那知天上蓬莱岛,长作人间安乐窝。

诗中一句未写与先蚕相关的内容,证明明时祭先蚕的活动已渐寂寥。今祭先蚕盛典重现,是对劳动创造世界的讴歌。

炉香缥缈高玄殿

——大高玄殿　皇家寺院

大高玄殿，在神武门西北，又西，即乾明门。明嘉靖中建。清雍正、乾隆两次重修。处有下马牌二，门前两亭，钩檐斗栱（橡子），巧夺天工，明时中官呼为"九梁十八柱"。始阳斋象一宫中，供奉一帝君，范金为像，高尺许，乃明世宗朱厚熜玄修玉容。西苑斋宫独大高玄殿，奉三清象，即玉清元始天尊、上清灵宝道君、太清太上老君，崇奉尊严。"内官宫婢习道教者，俱于其中演习科仪"（《宸垣识略》）。

《明世宗实录》首次出现"大高玄殿"，是嘉靖二十一年（1542年）四月。但实际上大高玄殿几年前就已开始建造。

明代第十一位皇帝明世宗朱厚熜登基之后，即放弃太祖朱元璋定下的儒、释、道"三教合一"的治国思想，独尊道教。大高玄殿建成后，内供奉道家的玉皇大帝和三清像。值得特别提及的是，在大高玄殿东北，还建一间"象一宫"，供奉的却是以嘉靖皇帝真人形象塑立的"象一帝君"。

在造大高玄殿前，朱厚熜刚刚继位，就在紫禁城里的御花园钦元殿，养了一帮道士，天天练习道场"科仪"，以寻长生不老之法。特别荒唐的是，经常弄来年轻女性，世宗频频与之交合，谓滋阴补阳，以致数月之内身体"两见违合"。但场地有限，便"钦定"建造"大高玄殿"，并亲自督办。

嘉靖二十一年四月大高玄殿落成，皇帝出席落成典礼，并讲话曰：

"朕恭建大高玄殿,本朕祗天礼神,为民求福一念之诚也。今当厥工初成,仰戴洪造下鉴,连沐玄恩,矧(shěn,况且)值民艰财乏,灾变虏侵之日,匪资洪眷,罔尽消弭,所宜敬以承之,岂可轻忽?"心怀私念,明明为建殿而掏空了国库,却讲得冠冕堂皇。

大高玄殿建成之年,嘉靖便移居此殿,开始了他二十多年不理朝政的历史。直到发生"壬寅宫变",他被几个宫女勒死。

大高玄殿落成那年冬天,在一个弥天大雪的夜晚,嘉靖修道作法,兴致所至,又召来几位道士和大臣,一起祀天敬神。内阁首辅大学士夏言恭临现场,遂作《雪夜召诣高玄殿》诗:

> 迎和门外据雕鞍,玉蝀桥西度石阑。
> 琪树琼林春色净,瑶台银阙夜光寒。
> 炉香缥缈高玄殿,宫烛荧煌太乙坛。
> 白首岂期天上景,朱衣仍得雪中看。

夏言这首诗,写的是雪夜奉召赴高玄殿时,所见、所闻、所想、所感。夏言是正德进士。明世宗朱厚熜即位后,他被委以清除朝廷贪官污吏的重任。他不畏权贵,不避嫌疑,革除弊政有功,迁礼部尚书。十五年进武英殿大学士,不久成首辅。经常入参机务,写《雪夜召诣高玄殿》时,正是官场春风得意马蹄疾时,"朱衣仍得雪中看",便是这种心境的真实流露。后遭严嵩攻讦,夺官阶,未几被杀。有《南宫奏稿》等。

至清代,为避讳康熙"玄烨"之名,时称大高玄殿为"大高殿"。因清时儒家思想占主导地位,大高殿已遭冷落,以致"旗杆挂幡年久,变色糟坏"。乾隆帝个性鲜明,在他当皇帝和太上皇的六十三年,在大高殿举办道场六十三次,并在大高殿留下不少御笔墨宝,如今存大高殿两侧对联,"烟霭碧城,金鼎香浓通御气;霞明紫极,璇枢瑞启灿仙都"便是代表。

乾嘉之后,清国力日衰,道光初年,下令在大高殿"原办万寿道场三十六日,用道官四名,道众二十名,拜表三次"。但后改"办道场七日,用道官二名,道众十二,拜表一次"。对已见颓废之气的大高殿,也未加以大规模修葺。

　　光绪二十六年(1900年)七月,八国联军攻占北京,皇室仓皇西逃西安。当月下旬,法军进驻大高玄殿,至来年五月撤出,盘居十个多月,大高玄殿、习礼亭遭到严重破坏。前后殿宇亭座,均多伤损。门牌、匾额、石栏已多残破,殿里的珍贵祭器,也被法军掠夺一空。清已无力修缮。

　　后来,日军、国民党军队都先后占用,解放后又作为办公场所,五百多年的大高玄殿见证了历史的风吹雨打,飘摇中品味了世事沧桑。

　　如今,大高玄殿并为故宫博物院,在改革开放后重获新生。2015年4月2日上午举行了大高玄殿修缮工程开工仪式。可以期待,这座疏于保护而残破不堪的古建筑,用不了多长时间,将恢复它雄伟庄重的初容。

大高玄殿一角 方勇昌 方燕东 画记

牛街礼拜寺

——两座筛海坟和手抄《古兰经》

《宸垣识略》载:"礼拜寺在牛街,回人所居,内碑碣皆回部书。"不远处,有金时所建圣安寺。

牛街礼拜寺于辽统和十四年(996年)阿拉伯学者纳苏鲁丁创建,规模不大。明正统七年(1442年)重修,明成化十年(1474年)宪宗又重修,奉敕赐名"礼拜寺"。

康熙三十五年(1696年)再次重修扩建,已具有中国建筑美学特点,有中轴,殿阁集中对称。主要建筑有礼拜殿、拜克楼、望月楼、宣礼楼、讲堂、碑亭等。其建筑更具中国传统特色——木结构形式,又兼具浓郁的伊斯兰教建筑装饰风格,既宏伟壮观,又肃穆庄重,别具一格。

寺内有明弘治九年(1496年)用汉、阿拉伯两种文字刻的《敕赐礼拜寺记》碑,成为研究伊斯兰教的重要资料。

寺内还有两座筛海坟,葬着元朝初年从阿拉伯国家不远万里来大都讲经传教的伊斯兰长老。墓碑镌刻阿拉伯文,记功德。寺内还藏有明古瓷香炉,记事碑碣及三百多年前的手抄本《古兰经》。清康熙三十三年(1694年)的"圣旨"匾额、香炉、铜锅等珍贵文物也藏于礼拜寺。

牛街礼拜寺乃为北京规模最大、历史最悠久、保存最完好的清真寺。